世界一周 4年3カ月5万5000キロのルート

ほのか、さえ みくほさえ
「ありがとう」を大切にして下さい
れ手道
喜六九三上

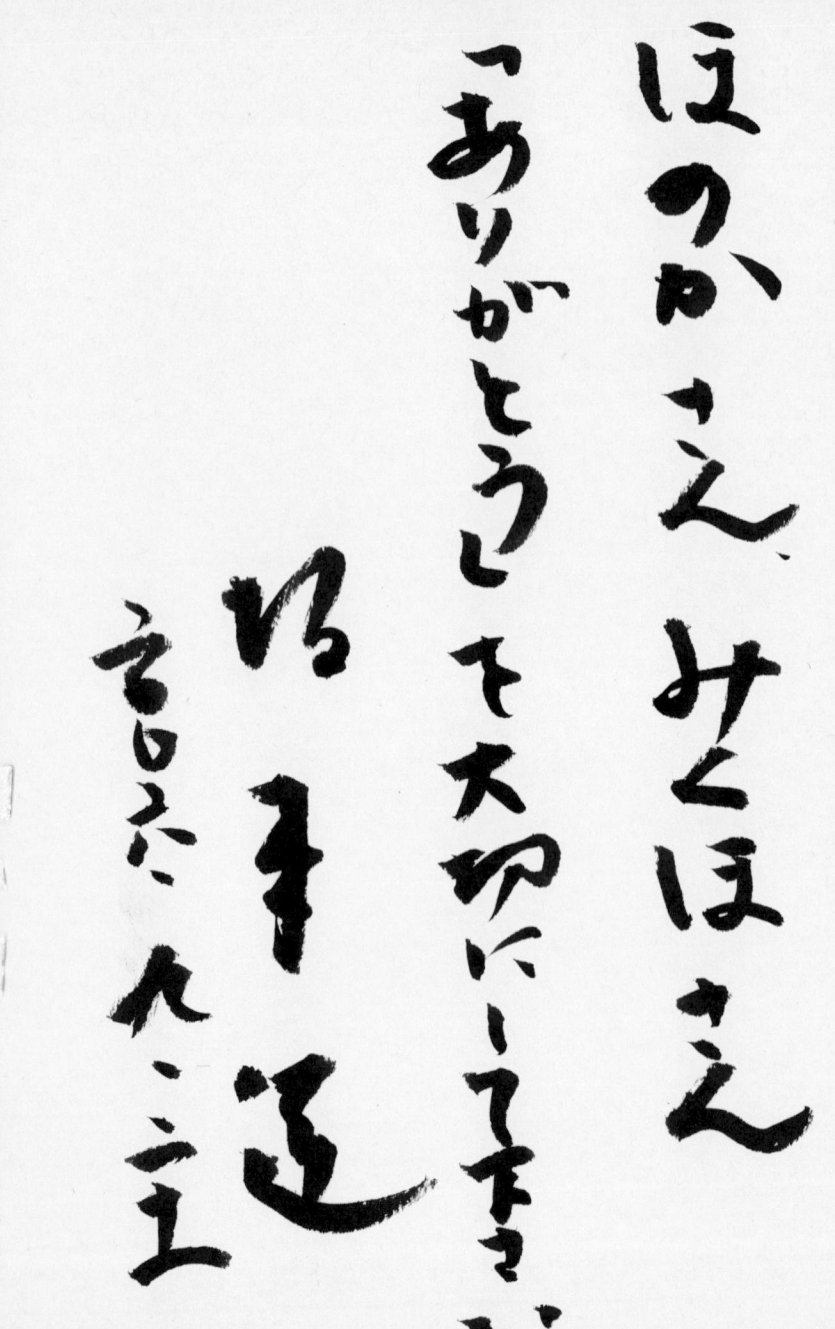

ほった。

有給休暇で自転車世界一周

桃源郷と言われるパキスタン北部、フンザの親子とバルチット城をバックに

（右上）ブータンの小学生。（右下）中国新疆ウイグル自治区の子どもたち。（左上）ギニアの村の子どもたち。（左下）トルコ東部に住むクルド族の女の子

チリとアルゼンチンにまたがる「風の大地パタゴニア」。どこまでも続く一本道をひたすら走った

中央アフリカのカメルーンを一緒に走ったベルギー人のダビッドと。日本からの援助も多く入っていた

モーリタニアからセネガルへ向う途中、西サハラの集落で子どもたちに道をたずねる

はるか前方に見えるアンデス山脈へと向かう。チリのサン・ペドロ・デ・アタカマ近郊の夕暮れ

サイクリストの夢、カラコルム・ハイウェイにある道標。「北京まで5425キロ！」

出発の朝、みんなの底抜けの明るさに元気づけられる。生きるエネルギーに満ち溢れたセネガルの子どもたち

村に着くと必ず行く先や周辺の最新情報を入手する。同時に自分の足跡を残していくことも大切だ

市場に行くと土地の暮らしがよくわかるので楽しい。中国新疆ウイグル自治区、カシュガルの日曜市

カメルーンとコンゴ共和国の国境になっている大きな川を渡し船でわたった

帰途につく親子。子どもは上手にロバを乗りこなす。パキスタン北部チトラール～ギルギット間の道

アンデス山脈のシコ峠からの下り、サボテンと話をしながら走った。サボテンに囲まれてランチ

日本縦断・
夢の掛け橋プロジェクト

全国の先生方、保護者、地域の方々のおかげで実現。PTA研究大会にも招かれた／大阪府豊中市

北海道から沖縄まで全国の学校を自転車で訪問！　世界一周の体験やメッセージを伝えた／函館市

をツーリング！／伊仙町役場〜犬田布岬

子どもたちからは意表をついた質問が。「家はどこですか？」「アンパン好きですか？」／長崎市

自転車のヘルメットを取り合って、かぶろうとする小学生たち。みんなの元気に元気をもらう／函館市

小学生の真剣なまなざし。アフリカやアジアで出会う子どもたちと目の輝きは変わらない／高知市

山口県岩国市の錦帯橋をバックに。その土地にしかない名所や名産との出会いも楽しみだった

子どもたちが自転車を取り囲む。「夢っていいな」という純粋な思いに心を打たれる

日本には豊かな自然と美しい四季がある。こんな国を走ることができるのを幸せに思う／長野県

「坂本達さんと走ろう！」徳之島のサトウキビ畑の間

「夢は叶わないと思っていましたが、あきらめないでがんばります」という手紙を全国でもらう

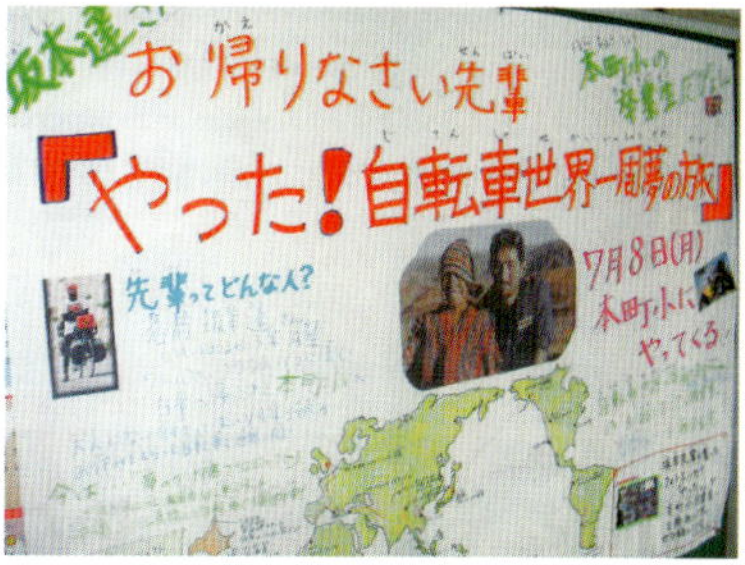

22年ぶり（！）に母校を訪れた。東京都小金井市立本町小学校での講演会用ポスター

ギニア・井戸掘りプロジェクト

旅の命の恩人たちへの「恩返しプロジェクト」。日本のみんなと村人全員の気持ちがひとつになって実現

写真・文●坂本　達

ほったｏ

4年3カ月も有給休暇をもらって自転車で世界一周し、今度はアフリカにみんなで井戸を掘っちゃった男

miki HOUSE

はじめに

「五感を全開にして世界を見たい。世界中を訪ねて人に出会い、彼らがどんなところに暮らして、何を食べて、どんなことを考えているのか、もっともっと知りたい」という夢があった。

父の仕事の関係で小学生時代をフランスで過ごした。その時に見た、世界最大の自転車レース「ツール・ド・フランス」。理屈ぬきにカッコよかった。僕は自転車に魅せられ、ロードレーサーに乗っている人みんながヒーローに見えたほどだった。

やがて五年生になって帰国する。学校でみんなと共通の話題がなかったり、服や持ち物が違っていたりして仲間はずれにされ、友だちも少なかった。そんな時、父が「今の学校がすべてではない。世界は広くて、もっといろんな人や、いろんな文化がある」と世界地図を見せてくれた。父が商社に勤務していたこともあって、小さい頃から外国のことを知る機会は多かったが、それ以来ずっと、世界を体験したいという強い思いがあった。学生時代に一年留年して十数カ国を旅したり、アメリカに留学したりしたのも、その夢を満たすためだった。

小学校の四年生の夏休みにさかのぼるが、住んでいた地元の子どもたちと一カ月のキャンプに参加することになった。僕は気が弱くて、プールの授業の前になるとお腹が痛くなったり熱が出たりするような子で、まともにフランス語はできないし、日本人はクラスに自分ひとりだけだし、そのキャンプに行くのが嫌でたまらなかった。行きのバスで知らない子が隣に座ってきた時は恐怖のあまりバスを降りて帰ろうと思ったが、僕は窓際に座っていたため通路をふさがれて降りることができない。わざとおしっこを漏らして降ろしてもらおう、と思ったぐらいびびっていた。キャンプの間、僕は他の子からちょっかいを出されてもフランス語が話せないので言い返すこともできず、とても悔しい思いをしていた。せめて日本語で言い返せばよかったのだが、そんなことは思いもよらなかった。

ある日、工作の時間に厚紙を使って自由に作品を作っていい、ということで僕は日本の鎧《よろい》と兜《かぶと》を作った。意地悪するやつを圧倒させようと兜には大きい角を立て、いかめしいヒゲをつけた。そして強く見えるように鎧に絵の具を塗ると、とても上手に仕上がった。「これでみんなをぶっ飛ばす！」とばかりに鎧と兜を身につけると、日本的なものが珍しいのか、みんなが注目して集まってきた。その場で僕は一躍人気者になり、その日からみんなが僕のことを、「フランス語はできないけど手先が器用な日本人」と認めてくれるようになったのだった。

あのキャンプでは、たとえ言葉ができなくても、「何かひとつできること、得意なこと、つまり個性があれば、自分はどこでも認めてもらえるのだ」という原体験をしたのだと思う。この出来事は今も印象に残っていて、世界一周ができると思った動機のひとつになっているかもしれない。

同じく小学校の時、我家は言葉遣《づか》いに厳しかった。友だちと電話で喋《しゃべ》って受話器を置く時に、「じゃあね、バイバイ」と言ったら、横で聞いていて「『じゃあね』は不良が使う言葉だ。『さようなら』と言いなさい」と注意されたこともあった。人に不快な思いをさせない言葉遣いをすることや、きちんと挨拶したり、何かしてもらったら必ずお礼を言うことを厳しく教えられた。だから自分で言うのもおかしいが、どこへ行ってもまったく相手にされないということはないように思う。当時はわからなかったが、これは世界に共通するコミュニケーションの基本だった。相手に嫌な思いをさせないような振る舞いを心がけること、家庭の中できちんと挨拶したり、お礼を言ったり、ていねいな言葉遣いをしたりすることも世界一周の実現に欠かせなかった。

　小学生の時から外国に興味があったので、大学五年生の時の就職活動では、将来は海外と関わる仕事がしたいと思っていた。メーカーを中心に会社説明会を回るうち、「子どもに関することは何でもやっていきたい」と語る、ミキハウスの木村皓一社長に出会い、その夢に惹《ひ》かれる。僕はミキハウスがフランスにも会社があることを知り、「パリでヨーロッパの所長をやりたい」と面接で語った。実は就職活動中、僕は今と変わらぬもじゃもじゃの髭面《ひげづら》で会社訪問をし、試験も受けていたのだが、木村社長は僕の顔を見て「お前は髭採用や」と言って内定をくれたのだった。入社して上司に「髭を剃《そ》れ」と命じられてつるりと剃ったが、数日後、髭復活命令がでた。社長が上司に「何で剃らせたんや」と問いただしたらしい。曰《いわ》く、「髭で採用したのに、入社して髭を剃ったら詐欺みたいなもんや！」と。自分は本当に髭のおかげで入社できたことになるが、これも縁である。

　入社一年目、商品部に配属になった僕は、和歌山県有田市にある取引先の工場の倉庫で計二カ月ほど、全国約一二〇〇店舗への商品の振り分けと出荷を任された。自由に仕事をさせてくれる工場の社長のおかげで、十数名のパートさんとの仕事が楽しくて仕方がなかった。夜遅くまで翌日の準備をしていると、お好み焼きなどを差し入れてくれる人もいて、ますますやる気になった。仕事はみんなが協力してくれるので毎回予定通りきっちり終わり、ミスもなかった。朝早く来て掃除をしたり、休憩時にお茶をいれたり、好きなことをやっているとみんな喜んでくれ、もっとがんばってくれた。「たくさんの人に協力してもらえれば、いろんなことができるんだ！」と、感じていた。

ある夜、倉庫のダンボールに寝そべって、いろんなことに思いを馳《は》せていた。当時のミキハウスには、オリンピック柔道で三連覇した野村忠宏のようなスポーツ選手が、女子柔道部、女子ソフトボール部、水泳部などにたくさんいた。みんな自分の能力を発揮して、夢を実現させている。倉庫で自分のやり方で仕事をすることにやりがいを感じていたので、僕も彼らのように「もっと自分の個性を生かして生きることができたらいいなぁ」、と素直に思ってしまった。自分にしかできないことってなんだろう。自分の夢ってなんだっけ。イメージし出すと武者震いが止まらなかった。

小学生の時の夢を、「自転車世界一周」という形で実現させようと本気で思っていた。でも、夢を選んだら当然会社は諦めなくてはならない。費用は試算すると一〇〇〇万円近くになり、資金が足りなくなるのは目に見えていた。そこで、不足分を補うために会社には内緒でスポンサー探しを始めた。しかし入社四年目の二十六歳の時、退社覚悟で準備していた世界一周の夢が、なんと会社を辞めずに実現することになった。
入社して四年経たないうちに認められた、四年三カ月の有給休暇。帰国後は胃に穴が開きそうなほど周りの反応に神経質になった。出会う人に「どうして世界一周しようと思ったの？」と聞かれてそのつど自問自答を繰り返し、「次の夢は？」と聞かれる度に、夢が何かすらわからなくなってきた。自分は会社員として何ができるんだろう。何を期待され、どう返していけばいいのだろう。どうやったらみんなに喜んでもらえるんだろう……。社外では「一生かかってもこの借りは返せないだろうね」とも言われていた。答えは誰にもわかるわけはなく、教えてもらえるはずもなかった。

世界一周から帰国して五年が過ぎ、旅の途上で出会った人たちにも変化があった。サハラ砂漠の走行を共にし、セネガルの村で一緒に「カトちゃんペッ！」を流行らせた家具職人のトモは、旅先で出会ったスペイン人女性と結婚し、二児の父としてバルセロナに暮らしている。そしてパキスタンをペアランした同い歳のヨシはなんと一一七カ国を走破、帰国後の新聞記事を読んだファンと結婚して和菓子職人となり兵庫の田舎に家を買った。ニューヨークでＭＢＡ留学中に再会した中学からの親友裕次郎は世界屈指の経営コンサルティングファームで活躍し、組織で大きな歯車をぐるぐる回している。ショックなことに世界最南端の地、アルゼンチンのウシュアイアで長年日本人サイクリストの世話をしてくれたガンコオヤジ上野さんは、ご高齢で亡くなってしまった。またそのあまりのかわいさに唖然《あぜん》とさせられたブータンのソナムは、約束どおり夢を叶えて英語の先生になった。そして幸せな結婚をして母となった。

社会も大きく変化し、新たな価値観や文化がとどまることなく生み出されている。自分だけが取り残されている気がして、暗闇から這《は》い上がれなくなりそうな時もある。特にひとりで活動している時はそう感じる。しかしそうも言っていられない。

会社では入社十四年目になり、同期は経営の中枢を担うようになった。僕は出発前と同じ人事部で新卒採用を担当しているが、かたわらで講演や執筆活動に加え、内閣府の青年国際交流事業「東南アジア青年の船」のナショナルリーダー、後述の日本を縦断する「夢の掛け橋プロジェクト」や「ギニア井戸掘りプロジェクト」など個人的な活動を認めてもらっている。前著『やった。』が二〇〇五年から高校英語のリーディングの教科書に採用されたり、名古屋万博でもプレゼンテーションする機会をいただいたりして、メッセージを伝える活動の幅も広がった。

内閣府の青年国際交流事業では、日本参加青年三十九人を統率する役割を委嘱《いしょく》され、五十三日間にわたり日本および東南アジア五カ国を訪問し、アセアン十カ国からの参加青年二八六人との交流を深めた。

ナショナルリーダーの話をいただいた時、僕は各地の講演会で子どもたちに、「『挨拶をしよう』『感謝をしよう』『個性を発揮しよう』、この三つを実行したら夢が叶うよ！」と世界一周の体験を通じて話していたので、これを実践したら本当に夢が叶うのかを改めて試せるチャンスだと思い、引き受けた。事業期間中、僕は「みんなの個性が発揮できる環境作り」を目標にし、日本参加青年たちとは「感謝すること」を大事にし、「いつでもどこでも、挨拶はされる前にしよう」と約束した。船内で何か問題が起きてもよっぽどのことでない限り、僕は「まずは『ありがとう、と言っておこう』」というスタンスだったので、青年たちは自分たちで問題を解決しなくてはならず大変だったと思うが、そういった気持ちや考え方から相互理解や問題解決の糸口が見つかることが多々あった。

こうして自分にできることを実践していると、世界一周中に感じていたのと同様、自分だけの力でやっているのではなく、必要な時に必要な出会いがあり、必要なアドバイスやメッセージに導かれ、必要な運やタイミングに味方されるという、いわゆる「大いなる意志」を感じることがある。学んでいることは同じく感謝であり、できないことをしようとするのではなく、自分の役割を知って精一杯悔いのない毎日を送る、というシンプルなことだ。

一連の活動をしていると、「達さん、すごいですね！」「いつも前向きですね！」と言われるが、そんな時ばかりではない。いつもできるわけではないが、世界一周中に学んだ「自分を信じる」ということを頼りに心細くやっている。むしろ本当にすごいのは、こんな自分を理解してくれ、応援してくれる周りの人たち、特に会社の仲間である。顔を合わせればいつでも笑顔で接してくれる社員、ただでさえ僕のせいで仕事の負担が増えているのに講演会や執筆活動にまで力を貸してくれる後輩たち、そしてミキハウスの親父、木村社長だ。また社外には長年にわたり支援し続けてくれるスポンサー企業の担当者、ホームページの管理を引き受けてくれる友人、翻訳作業を手伝ってくれ、イベントを企画してくれ、講演会で声をかけてくれる心温かい人たちがたくさんいる。

自転車世界一周も、日本縦断も、またギニアの井戸掘りプロジェクトも、目の前の現実をどうとらえ、どう関わるかで、周りの状況が大きく変わりました。夢や目標を持つことの大切さ、そして人はたくさんの人や環境に支えられて生かされている、ということをお伝えできたら幸いです。今でも気が強いとはいえない僕が、人と人とのつながりのおかげで、海外でもいろんなことができるのがとても楽しい。こんな機会を下さった皆様に、心から感謝しています。

前著『やった。』のあとがきで、「この本の印税はすべて、旅で助けてくれた人たちにお返しすることにした」と書きました。今読んでいただいているこの本は、前著をご購入いただいた方々の善意を、命の恩人がいる西アフリカ・ギニアの村へ、井戸という形でお届けしたご報告を兼ねています。また、第一章には帰国後の活動のベースとなった自転車世界一周の様子も書きました。これらは、前著や講演会、テレビ、ラジオ、新聞またはネット上など、さまざまな機会でお伝えしてきたことと重複する箇所があるかと思いますが、そこでもお伝えし切れなかったことを、できるだけ書き足したつもりです。

転載を快諾《かいだく》して下さった関係者の方々にはこの場をお借りして、厚く御礼申し上げます。

目次

カバー、口絵の一部及び第三章の一部の写真は種光康氏の撮影によるものです。

第一章　有給休暇で自転車世界一周

一九九五年九月～一九九九年十二月

撮影：待井 剛

自転車世界一周の旅へ

入社四年目のある日、ミキハウスの木村社長に声をかけられた。

「タツ。長いこと、巡礼の旅に出るんやってな。辞めんでもええ。応援したる」

四年三カ月の有給休暇で自転車世界一周の「ゴーサイン」だった。あたりもざわめいたが、その時一番ビックリしていたのは僕自身だったかもしれない。しばらくして上司に呼ばれて、なんと給料も出すし、期間も好きなだけ行ってこいとのこと。えっ、給料まで？ ウソだろ？ さらに月一回の報告書の提出以外、いっさい宣伝などの義務もないと聞かされた。できるだけ純粋な形で夢が叶えられるように、との社長の配慮だった。言い出した本人ながら、とても信じられなかった。

会社の全社員には、年二回の業務レポートの提出が義務づけられていた。自分の部署の改良点や仕事上の意向に関するもので、社長もすべてに目を通す。北海道から鹿児島まで約一〇〇〇人の社員にボーナスを手渡しする際、あらかじめ読んでおくためのものでもある。和歌山での商品振り分けの仕事にやりがいを感じながらも、僕はここぞとばかりに、倉庫で武者震いしながらイメージした個人的な夢、自転車世界一周について書いた。指定の書式に収まらないので勝手に用紙を足し、強引にビジネスに絡《から》めて企画めいたものを書いていたが、もちろん会社側はいっさい相手にしてくれなかった。

叶わないかもしれないが、一方で「夢の実現」に向けて貯金を始めた。動き出さなければ何も始まらないし、何も変わらない。僕は酒もタバコもやらず、寮でダンボールを家具がわりにしていたので、同期の社員には「修行僧のような生活」とからかわれた。しかし案外それもいいもので、みんなが同情して使っていないテレビや冷蔵庫をくれるようになり、一年もするとほとんどの家財道具が揃ったのである。口にしたことはなかったが、大学時代に留学費用二百数十万円を借りていたので、まずはそれを早く返済したかった。

週末は地元、八尾市の自転車チームのメンバーとトレーニングをして、ロードレースにも参加した。とはいっても、入賞できそうな比較的規模の小さなレースが中心。月曜日に会社で「週末のレースで入賞しました！」と結果表を見せると、「おお、がんばってるなぁ！」と言われる。会社のみんなにアピールするためには、大会タイトルや参加人数よりも入賞したか否か、の方が伝わりやすかった。

また当時はインターネットが普及していなかったので、いくつもの図書館を回り、冒険家の記録や世界の地形、気候、道路状況、政治情勢を調べ、海外からも資料を取り寄せて目的地を線でつないだ。調べていくうちに新しい発見があったり、絶妙なルートが組めたりして、どんどんイメージが具体的になっていくのが楽しかった。

会社では「決められたこと以上のことをするのが仕事」と学び、無駄も多かったが思いつくことはほとんどやった。二年目から新卒採用と研修を担当しながら、国際イベントの通訳をかって出たり、社内で古切手やカード、古着を集めて送るボランティア活動を始めた。しかし三年目にもなると後輩社員も次々と入社してきて、担当業務も責任も大きく重くなり、「個人的な夢」を口にすることは少なくなった。社員を個人的な趣味のために遊ばせる会社もなかろう。それでも僕は毎回、自分の夢の欄を作ってレポートを出し続けた。

二十六歳で区切りをつけようと思った。二十六歳というのは、小児マヒを自力で克服し、夫婦二人でこの会社を創立したミキハウスの親父、木村社長が会社を興した年。夢をとるか、現実をとるか。「お金や仕事は取り戻せても、時間だけは取り戻すことができない」。それなら、現実をあきらめて夢にかけてみよう。そこからまた可能性が開けるに違いない！　会社を辞めて自力でいこう。そう決めた。

いざ計画を練り始めると、資金面でつまずいた。試算では一〇〇〇万円必要だったが、三〇〇万円ほど足らなかった。その不足分を補うために、スポンサーを回って物資提供をお願いすることにした。通常業務をしながらなので、企画書作りなどでほとんど寝る間もない時もあった。時間を忘れて没頭し、東の空が明るくなったのに気がついて仮眠をとり、出社することもあった。それでも見ず知らずの人たちの中で、僕の夢が広がっていくのが嬉しかった。そして、気持ちが通じたのか運がよかったのか、実績もないただの会社員の世界一周に向けて二十社以上が協力してくれることになった。

会社では最後になるであろう六回目のレポートで、「二十代のうちに自分の足で世界を見ておきたい」と、その思いをミキハウスの親父にストレートにぶつけた。心配させないよう、集まり始めたスポンサー・リストとともに。覚悟はできていた。人情の厚い社長と社員、さまざまな夢の実現に向けて走る社風に惹《ひ》かれて入社させてもらったが、この縁もここまでか……。――その答えが冒頭のひとことだった。社長は僕がたくさんのスポンサーを集めていたことに驚いて、本気なんだと気づいてくれたのかもしれない。それにしても、あのひとことは嬉しかった。しばらくは、通勤途中にいつも見ている街路樹やガードレールがキラキラ光って見えたし、ひとりで歩いているとつい小走りになってしまった。あの時の驚きと感動は一生忘れないだろう。

後で聞いた話では、社長は、「タツやったら外国でも敵をつくらんとうまくやっていくやろし、ひとりぐらい普通に仕事せんと、変わったことやってる奴がおってもええやないか。応援してやりたいんや」と、社員にもらしていたという。

まさかの有給休暇で世界一周が認められ、社内の反応に神経質になった。しかし、あまりの期間の長さに、同期からは「二十代後半の大切な時期、俺にはできない。期待している」と、ほとんど話したことのない先輩社員からは「よく決心したな。俺の夢まで叶えてくれ」と餞別《せんべつ》を渡されたりもした。会社側はなんと、盛大な壮行会まで開いてくれた。個人的な夢がこんな広がりを持つなんて、考えてもみなかった。

一九九五年九月二十六日、スタート地点のロンドンへと向かった。出国手続きを済ますと、すべてが保証されていた生活から、未知の世界でのたったひとりの四年三カ月が始まった。頼れるのは、生身の自分しかない。やる気さえあればなんとかなる。本気でそう思っていた。

実感が湧いてきたのは三カ月半かけたヨーロッパでのトレーニングを終え、スペイン南端、ジブラルタル海峡に立った時。海の向こうは、湿った空気にかすむ「暗黒の」アフリカ大陸だ。

理由をつけて出発を先延ばしにしている自分を自ら後押しして、一九九六年一月十八日、アフリカ行きのフェリーに乗り込んだ。不安を言えばきりがないが、迷いもない。今、僕のすることは、手に入れたこの奇跡のようなチャンスを精一杯生かし、しっかりと大地に足をつけて前に進む以外ないのだ。

——それから四年三カ月後の一九九九年十二月二十八日、僕は想像もできないことの連続を経験し、無事に帰国した。訪問国は四十三カ国、走行距離は約五万五〇〇〇キロになっていた。

ここではその全容をお伝えすることができないので、僕の活動を理解し、支えてくれている友人でもあるコピーライターの上山さんから受けたインタビューの一部を掲載させていただきます。また、前著『やった。』と重なる部分もありますが、世界一周中の強く印象に残った出来事を、大陸ごとに新たに書き起こしました。旅の様子や現地で感じていた不安や喜び、また各地で受け取ったメッセージの数々をお伝えすることができたら嬉しいです。

インタビュー

HP「うえやま的聞き耳学」より

うえやま　自転車で世界一周という、世界を見渡してもほんのひと握りの人しか達成していない偉業を三年前に達成されたわけですが、達さんのように、夢がどんどん湧いてくる人もいれば、夢がなかなか持てない人もいるんだと思います。夢を持つのに大切なことはなんでしょうか？

達さん　現状を謙虚に受け入れて、小さなことに感謝ができるようになることだと思います。そうすることで自分の役割を見つける、それが夢である気がします。僕がメジャーリーガーになりたくてもなれません。だけど、世界で見てきたことを日本に伝えて、日本のことを世界に伝えることならできるんじゃないか。これが僕の役割、つまり夢だと思います。

　ただ、役割は考えても絶対にわからなくて、いろんな人に会ったり、本を読んだり、旅をしたりするなかで自問自答し、まわりが与えてくれるヒントを素直に聞いていれば、だんだん見えてくると思います。アドバイスやヒントに気付かないのは謙虚な気持ちがないからかもしれませんね。

うえやま　現状を謙虚に受け入れるとは、具体的にどういったことなんでしょうか？

達さん　どんなときも言い訳しないことでしょうか。例えば失敗してもすべてその行動は自分が決めたことなのだから、責任を負っていくというような。いろんな人がいろんなアドバイスをしてくれますが、最後に決めるのは自分です。自分が判断したのだから人のせいには決してできない。言い訳せず、現状を受け入れる。それができれば、少しずつ夢に近づけるんじゃないかと思います。

うえやま　世界のいろんな国のなかでもアフリカなどの田舎の村に入っていくときは、どんな気持ちで入っていかれたんですか。

達さん　自分は、その村にとってよそ者ですからいつも「お邪魔している」という気持ちで入っていきました。最初は僕も緊張しているし、村の人

たちも警戒している。そんななかで気持ちをこめて挨拶をし、握手をして、手のぬくもりを感じながら話をしていると、少しずつ自分のことをわかってもらえるようになって、受け入れてもらえるようになるんです。

うえやま　なかには受け入れられなかったこともあったんですか？

達さん　もちろんありました。「ここは泊まるとこはないから、隣の町に行け」と言われたり……。アフリカでもあったし、中国の雲南でもありました。スペインで断られたときは、町中にホテルもなかったから教会の前で寝ました。

うえやま　世界を回っていれば、いろんな国でいろんなものを食べられたと思いますが、食事はどうでしたか、苦労しました？

達さん　自転車で旅をしていると、どうやって体力を保つかということばかり考えているんですよ。もうそれしかないってくらいに。（笑）

食べ物にありつけるというのは、すごくありがたいことなんです。見たことないような物でも出されたものは、何でもいただきました。彼らが、朝から晩まで働いていられるのは、これを食べているからなのだと思うと何でも食べられました。

また彼らと同じ物をいただくことではじめて自分が受け入れられる、ということもわかりました。

うえやま　旅のなかでイチバンきつかったことは何ですか？

達さん　ひとりだということ、孤独だと感じるときですね。病気をしても、薬があって時間が経てば治るけど、精神的な弱さはなかなか克服できませんでした。

でも、旅を続けてきてわかったのが、孤独を作り出しているのは、自分自身でしかないということです。大勢の中にいても孤独を味わうこともあるし、ずっとひとりでいても、自分には家族がいて友だちもいると思えば孤独じゃないですよね。だから、結局全部「自分」なんです。

イスラエルの友人がこんなことを言っていました「もしあなたが孤独だと思ったら、あなたは孤独になる。もし、あなたが孤独になることを恐れ

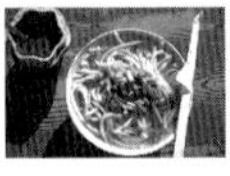

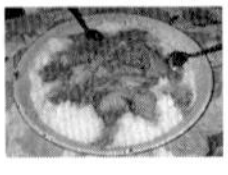

たら、あなたは孤独になる」その通りだと思います。

うえやま　世界一周の旅を通じて感じたこと、教わったことはどんなことでしょうか？

達さん　感謝の気持ちだと思います。旅を始めたころは「自分がやっているんだ」という気負いがありました。でも、自転車で走っていると、大自然の美しさ、厳しさ、怖さ、時間の流れを心の底から感じます。圧倒的な大自然を前にすると、自分の無力さを感じ、ありのままを受け入れるしかないと思えます。

　無限の宇宙のなかで、地球が誕生した歴史のなかで、自分の存在なんて一瞬にしかすぎません。こういうことが実感できる環境に身をゆだねると人は謙虚になれる。自分が生きているんじゃなくて、「生かされている」と思うようになるし、生かしてもらっていることに対して感謝せずにはいられない。朝起きて「今日も生きていた。ありがたい」そう思えます。日本のような環境に暮らしていると自分はチカラがあるんだと勘違いしてしまいがちだけど、それが理解できないと、人にも運にも助けてもらえなかったかもしれません。

　今、目の前にある現実を当たり前のことと取るか、感謝するかで、その先のことが変るんだと思います。

うえやま　世界一周されたなかで一番感動したことはなんですか？

達さん　人は「善」なんだと実感できたことですね。旅に出て一年目がアフリカだったんですが、言葉も文化もわかっていない僕を村の人たちは受け入れてくれるわけです。腹が減っているといえば、僕に一番多くのおかずを出してくれる。ベッドがひとつしかないのに、そこに寝ろといってくれる。一番いいところを与えてくれるんです。

　物質的に貧しいにもかかわらず、お金も受け取ろうとしない。彼らもお金は欲しいんだろうけど、「困っている人を助けるのは当然のこと」という彼らの人としての誇りというか、温かさに心を大きく動かされました。

（二〇〇三年一月取材）

http://www.kikimimi.net/より抜粋して転載

アフリカ大陸（カメルーン）一九九六年六月〜八月

ひとりきりで、未知の国を自転車で旅し続けるにあたって大切なことは何か。
現地の人に受け入れられること。そして助け合うこと。
——そんな当たり前のことを感じる出来事が続いた。

ゾウの肉に感激。分け合うとおいしい！

サハラ砂漠に次ぐ難所、中央アフリカ・カメルーンのジャングルを走っていた。赤土のでこぼこ道はアップダウンが激しく、雨が降らないと土埃《つちぼこり》もひどい。辺りは静まり返っているので、時折サルが木の枝から枝へと移動する、頭上のガサガサッという音に驚かされる。

このあたりはピグミーとして知られる人たちが住む地域。ピグミーというのは「小さい」という身体的な特徴で、実際彼らの平均身長は成人で一五〇から一五五センチくらい。クリクリとした目を持つ人たちで、ゾウを狩るハンターとしても有名である。彼らはアフリカで最も伝統的な生活を守る人々で、ジャングルに依存し共同体をつくり狩猟採集の移住生活を営むが、定住して焼畑農耕をする人たちもいる。走行中、バナナの葉と木の枝でできた昔ながらの家に住み、物をほとんど持たないピグミーにも出会った。別世界にタイムスリップしたようだ。そんなところを何日も走り続けている。

アフリカに来て半年以上経つが、日本と比較すると何もかもがしんどい。道路事情が悪く言葉が通じないのは当然だが、文化も食生活もまったく違い、衛生状態が悪いため風土病も経験した。いざと言う時に連絡をとる手段がないのが心理的にきつい。でもこう感じるのは、まだまだ旅に入り込めていない証拠。「これを体験しに来たんだ！」と思い、楽しむようにする。しんどいと思っていると、さらにしんどくなる。

ある日の夕方、ピグミーの村ではないが雰囲気《ふんいき》のいい村に到着した。子どもの躾《しつけ》ができているので村はきれいだし、食べ物も豊富にあった。若者に案内されて村長に挨拶に行くと、案の定しっかりした人で、「ここの村は安全だ。ゆっくりしていきなさい」と隣の土でできた家に泊まることを許してくれた。村の子どもたちを見れば、大体どんな村長かが想像できる。

暗くなり始めたので、「体を洗いたい」と言うと、驚いたことに村人が「この時間は冷えるだろう」と言って、バケツにお湯を持ってきてくれた。ずいぶん時間がかかると思っていたら、水を温めてくれていたのだ。普通こんなことはまず有り得ない。日本のようにガスや電気はないので、水を温めるといっても薪《まき》を集めることからしなくてはならないのだ。日中暑いジャングルも、夜はかなり冷え込む。毎日ギリギリの走行をしていると、こんな優しさに心底ホッとしてしまう。人の優しさほど元気を与えてくれるものはない。

夕食の時間になり、やはり土でできた村長の家に招かれた。今晩は村一番のご馳走《ちそう》をいただくことになる。石油ランプで薄暗く照らされた低い木のテーブルに、質素なアルミ鍋が運ばれてきた。ドキドキしながら中を覗《のぞ》き込むと、わずかなソースと三センチ程の肉の塊が五、六個確認できた。（やった、肉だ！）僕は内心でガッツポーズをしていた。

「これはなんの肉ですか？」と上ずった声で聞くと、村長は「ゾウだよ」と言った。ゾウ？　やった、ゾウなんて初めてだ。ゾウ肉というと大きなゾウの姿を思い浮かべてしまうが、市場で売っているゾウ肉はこぶし二つ分位に刻まれ、黒っぽいカチカチの燻製《くんせい》になっている。

「村長、ここで一番おいしい肉はなんですか」とたずねると、「ヤマアラシだね。あの肉と皮膚の間が最高にうまい」と嬉しそうに言った。主食には茹でた食用バナナ。さらにツタの葉を千切りにした煮物、ヤシ油で煮たピーナッツソースまで出てきた。愛情たっぷりの家庭の味は、どんな高級レストランよりもうまい。温かいのもごちそうだった。僕は久々にお腹いっぱいになるまで食べ、そのまま蚊帳《かや》の中で横になり、朝まで泥のように眠った。

翌朝もゾウ肉と食用バナナ、そしてオムレツまで出してもらった。周りで食事を見ている若者や子どもの目が気になるが、今日もこれから長い一日が始まる。突然村に現れて貴重な食料を分けてもらい申し訳なかったが、遠慮なくいただいた。村人のこういう見返りを期待しない親切のおかげで、毎日走り続けることができるのだ。本当にありがたい。

僕は大事にとっておいたビスケットの包みを、お礼に差し出した。彼らは少し躊躇《ちゅうちょ》したが丁寧に受け取り、その場でみんなで分け始めた。僕にも回ってきたので一緒に食べると、みんなが屈託のない笑顔で「おいしい」「ありがとう」と言ってくれる。ただそれだけなのに、なんだか妙に嬉しくなり元気が出る。こんな気持ちになるのが不思議だった。

僕はこうしてアフリカの人たちに、「食べ物はひとり占めするより分けた方がおいしい」ということを教えてもらう。食べる量は当然少なくなるが、分けた方も分けられた方も元気になる。「食べる」という行為は、ただ栄養を摂《と》るだけではなく、人の優しさや幸せを共有するということなのだ。

自分はできているだろうか？

ピグミーの住む森を一日に四十～八十キロのペースで走り続け、二週間もすると大きな川に出くわして道路が途切れた。目の前の大きな茶色い川を渡るとコンゴ共和国。僕はこの国境の村で数日間、旅の疲れをとるために休養することにした。ひとりで国境を越え、新しい国に入るにはエネルギーがいる。言葉も習慣も通貨も変わり、人が変わり、治安が変わる。未知の世界で、自分は受け入れられるだろうか……。こんな不安や緊張が悪い出来事を引き起こすので、体力と精神力を回復させておかなくてはならない。

汗と土埃で汚れた服を川で洗い、ひと息ついて辺りを見渡すと、これまで目に入らなかった赤土の大地、森の緑、そして高く青い空がくっきりとコントラストをつけているのに気がついた。粗野だが美しい。女たちは朝起きて水を汲みに行き、食事を作り、洗濯をして、昼寝をして、子どもの髪を結いながらおしゃべりに精を出す。子どもは自分より小さい子の面倒をみる。男たちは日中外へ働きに出る。働かない時はビールを飲む。そして暗くなったら寝る。また明るくなったら起きる。僕の存在などお構いなしに、ここにはここの感動的な日常がある。

　地図にも載っていないようなこの小さな村で、ひときわ明るく元気な少年、キキに出会った。「僕の夢を内緒で教えてあげるね。夢はプロのサッカー選手！」と無邪気《むじゃき》に言う。村にサッカーボールなんて無い。恐らく本物のサッカーボールも見たことはないだろう。キキは捨ててあるビニール袋をたくさん集めて丸くして、紐《ひも》で縛ったものをボールにして遊んでいた。

　七歳のキキに、「どんな環境でも言い訳さえしなければ、夢を持つことができる」と教えられる。夢は叶うかもしれないし、叶わないかもしれない。できることはただひとつ、今自分のいるところから前に向かって進むということだ。天に与えられた環境に文句を言わず、目の前にあるものを受け入れる。そして、できることをひとつずつやっていくしかないのだと。

　村に着いて五日後。お世話になった家族とキキに別れを告げて、コンゴ共和国へ向かう。国境の川を渡るには渡し舟に乗らなくてはならないが、あいにくその日の舟は出てしまっていた。次は明日か明後日だという。出発が延びてしまったが、これもまた旅。

　舟を待つ人の中に、背が高く体格のいい男がいたので気になっていた。このあたりの住民ではなさそうだ。男は僕の視線を感じたようで、こっちにやってきた。

「やあ。僕はカメルーンのナショナルチームでサッカーをしていたが、オーナーが横領事件を起こして解散してしまったんだ。だからこれから国境を越えて、新しいチームを探しに行くところだ」と淡々と言う。「どこまで行くの？」と聞くと、「コンゴ共和国を通ってアンゴラに行く。チームを見つけるのが難しいのはわかっている。ダメだったら南アフリカまで行くよ」と

プロのサッカー選手を夢みる少年、キキ（カメルーン）

肌の色を珍しがる子どもたちと（カメルーン）

言った。この男も夢を追っている。小さな手荷物たったひとつで、こうして自分を売り込みに行くのか……。どこにも何のあてもないのに。僕はといえば、いつも安全パイをどこかに隠し持つ生き方をしている。さらに彼は続けた。

「ここに来る途中で弟が強盗に遭《あ》い、金も荷物も全部やられた。今パスポートの申請に行っているので、弟が戻ってきたら一緒に出発する。——ところでお前、何か食べ物はあるか？」

同情させておいて貴重な食料をせがみにきたと思い、僕はそっけなく「もうほとんどない」と答えた。この先いつ食料を入手できるかわからない状況で、そう簡単にあげることはできない。すると彼は手元のバッグから残り少ないパンとチーズを取り出して、人に見られないようにこっそり僕に差し出した。「食べ物、ないんだろ」。僕は息が止まるほどびっくりし、断ることも忘れてそのまま受け取ってしまった。死ぬほど恥ずかしかった。僕は彼が持つ何倍もの食料を自転車に積んでいる。助けが必要なのは僕ではなく、彼の方ではないか。それにチーズといえばアフリカでは高級品で、僕でさえ買うのに躊躇するくらいの代物《しろもの》なのだ。自分はいったい何をやっているんだろう……。「食べ物はひとり占めするより分けた方がおいしい」と教えてもらったはずなのに、本当に必要な場面で実践することができない。僕はいつも自分を守ることに必死になっている。

用心深くなければ旅は続けられないのは確かだが、これではいけない。与えられているばかりでは、いつか見放される。分け合い、助け合い、自分にできることを与えられるようにならなくてはいけない。

ユーラシア大陸（トルコ〜イラン）一九九七年三月〜六月

「旅人は神の客。だから旅人をもてなすのは当たり前」という人々に出会った。
古代から引き継がれる交易路の慣わし。
——僕が日本の子どもたちに伝えたいこと。

小学生ガイド三人組

ずっとあこがれていた絹の道、シルクロード。古代の交易路をトルコから東へ向かってペダルをこぎ始めた。ベトナムまでの約一年半。どんな出会いが待っているだろう。

トルコの黒海沿岸にトラブゾンという大きな街がある。旧市街には昔から栄えていたバザール地区が残り、今も活気があって楽しい。僕は新しい街に着くと、まず市場へ行く。市場ではその土地の暮らしがもっとも良くわかるからだ。

地図を片手に旧市街を歩いていると、小学生の男の子三人組が寄って来た。「日本から来たの？　ガイドしてあげるよ」。観光地ではたまに、勝手に旅行者を案内して最後に法外なガイド料を要求する「偽《にせ》ガイド」がいる。まさかトルコの地方都市で、それもこんな子どもたちが…

…と思っていると、三人が自分たちの胸を叩いて「まかせてくれ」と胸を張る。悪い子たちではなさそうだったのでついていくと、旧市街の城壁やモスクなどを次々と案内してくれる。

ガイドをしながら三人は何度も「この日本人をあそこへ連れていこう」「いや、あそこはつまらないから別のところにしよう」と話し合い、コースを決めていた。どこから持って来たのだろう、ツーリストインフォメーションで配布している英語の観光案内を手にしている。トルコ語が不十分な僕に、パンフレットの英語を読んだり、身振り手振りで真剣にガイドしてくれる。道路を横断する時は片手を上げて車を停め、車にお辞儀《じぎ》をしてから僕に「こちらへどうぞ」とやってくれるし、写真を撮っていて歩くのが遅れると、次からは写真を撮るポーズをして、「ここから写真を撮れ」と撮影場所を教えてくれる。ばったり知り合いに会った時は、ちゃんと挨拶をして僕のことを紹介してくれる。本当にいい子たちだった。

三時間ほどガイドしてくれ、最後に中央広場に着いた。チャイハネ（喫茶店《きっさてん》）があったので、喉《のど》も渇いたし子どもたちにチャイでもご馳走しようと思ったら、子どもたちがポケットから小銭を出し合っている。まさかと思ったが、なんとそのお金で僕にチャイをおごってくれるではないか！　小学生に、それもガイドをしてもらってお金を出させる訳にはいかない。「いいよ、出すよ。出すから」と言っても、彼らは手を後ろに回して頑として受け取らない。「じゃあ、みんなにおごるよ」と言うと、お腹がいっぱいだと首を横に振る。困ってチャイハネのおじさんの方に目をやると、こっちを見ながらニッコリうなずいている。何かこの国の事情があるのかと思い、結局ご馳走になってしまった。今でもあの光景は忘れられない。

チャイハネでチャイに誘われる（トルコ）

一宿一飯のお世話になったご夫婦と（トルコ）

翌日バザールを歩いていたら、なんとガイドしてくれた男の子のひとりが、大声を張り上げて路上でティッシュを売っているではないか。誰よりも大きな声を出して！　金持ちの息子かと思っていたら、ちゃんと自分で稼《かせ》いでいた。男の子は僕に見つかって照れくさそうにしたが、「昨日はガイドありがとう」と言うと、「どうだ、良かっただろう」という顔をして昨日のように胸を張り、素直に笑った。そして「今度はいつトルコに来るの？」と聞いてきた。

トルコでは旅人を「神の客」と呼び、どんなに貧しくても「できる限りのもてなしをしよう」「一宿一飯の世話をしよう」という教えがあるという。ある町で安宿をたずねたところ、青年が三十分以上も歩いて宿まで連れて行ってくれたことがあった。国際電話をかけていてトラブルになった時、店の前を通りかかった男が店員に「外国からのお客に、なんだその態度は！」と激怒したこともあった。みんなよそから来た人たちを大切にしてくれる。

子どもたちも先人の教えにならって、人助けをするのが当たり前と思っているようで、いたく感動した。

「日本に持ち帰れ」

トラブゾンから内陸の山岳地帯に入り、シルクロードの通過点である大都市エルズルムを過ぎた。一日約七十キロのペースで走り、二〇〇〇メートルを超す峠をいくつか越えた。五月になっても山間部は冷え込みが厳しいが、雪が降らなくなった分、楽になった。

エルズルム以東はクルド人居住地域。彼らは自らの国を持たず、トルコ東南部、イラン、イラク、シリアなどにまたがって住む民族。僕には一見しただけではトルコ人と区別がつかないが、喋《しゃべ》るとクルド語なのでわかる。トルコ人の中には、「クルドは悪いやつだから気をつけろ」と言う人がいたり、テロのニュースがあったりしたので少し心配していた。

五月七日、トルコ最後の峠を越えた。あと三日も走ればイランだ。

陽が傾きかけた頃、ポツンと建つ道路沿いの民家の前にいた男に「チャイはどうだ」と、お茶をかき回す仕草で呼び止められた。泊めてもらえるかも知れないと思い、Uターンして家で休ませてもらう。石を積み上げた小さな家の居間は地面に直接カーペットが敷いてあり、突然の来客にもかかわらず綺麗《きれい》にしてある。というより物がほとんどない質素な暮らしをしている。土壁は漆喰《しっくい》で白く塗られているので、小さな窓ひとつだけでも部屋が明るい。水道はなく、タンクの水を使って生活している。家の周りには牛や羊のフンを乾かした「燃料」が山積みにしてあり、これで調理をしているようだ。物が無いなら無いなりに、知恵を働かして、あるものでうまく暮らしている。

男はクルド人、名前をムハメドといった。奥さん、十五歳、八歳、五歳の娘に七歳の息子の六人家族。子どもたちは学校に行っていないので、トルコ語を話すのはムハメドだけだ。四人の子どもは珍客を前にだいぶ緊張している。

しばらくして、長女がチャイをポットに入れて運んできた。コップは三つだけでサイズも形もバラバラ。ムハメドは各々にチャイを注ぐと、まず「中」のコップを僕に。「大」は本人。そして残りの「小」は奥さんかと思ったら、娘たちを差しおいて七歳の息子に渡ったのでびっくり。年齢より性別が優先されるのだろうか。

これまで走って来たことを片言のトルコ語で伝えていると、ムハメドが「何か食べるか?」と聞いてきた。「はい」。何を出してくれるのか楽しみだった。間もなくして直径一メートル程もある銀色のトレーに、温かくて大きなナンが一枚運ばれてきた。続いてスクランブルエッグがフライパンのままドンッと目の前の床に置かれた。おいしそうなにおいが漂《ただよ》ってくる。

やっぱりこんども男だけで食べ始める。しかし、ムハメドはすぐに食べるのを止めたので七歳の息子と僕の二人になった。ナンをちぎってはフライパンの卵をすくって口へ運ぶ。うまい。こんな素朴な料理が本当においしい。バターで調理された卵は見事な黄色をしていた。

やがて息子も食べるのを止め、僕ひとりでモグモグやっていた。食べながら、「これはもしかして……」と思い、四分の一ほど卵を残した。すると、それまで食べたいという素振りさえ見せなかった娘たちが、残りをパクパクと分けて食べ始めた。やっぱりそうだった。

ひと息ついて、「壁に掛かっているものは何?」とたずねた。植物の種に紐を通した壁掛けだった。「それいいね」というと、「日本に持ち帰れ」と言う。ありがたいが、持って走ってもすぐに壊れてしまいそうなので丁重《ていちょう》に辞退すると、とても残念がられてしまった。話題がなくなって苦し紛れに発した言葉でもあったので、その誠意に対して申し訳ない。

トルコでは「それいいね」と言うと、たいていなんでも「じゃあ、あげるよ」と差し出される。僕も道中よく自転車や腕時計を指して、「それいいね」と言われたけど、旅を続けるのに必要なものばかりであげる訳にいかない。「父からのプレゼントだ」と出まかせを言って、相手に「それちょうだい」と言わせぬ自分がもどかしい。

　結局ムハメドの家には泊めてもらうことができなかったので、そのまま走り続けた。夕方七時、イランの国境へと続く一本道に、自転車に乗る自分の影が長く伸びる。「あぁ、自分は今、東に向かっているんだなあ……」と実感する。今晩寝るところすらわからない不確かな毎日で、唯一確かなのが、太陽が東から昇り西に沈むという大自然の営みだ。かつてここを通った旅人たちも、同じことを思っただろうか。そう考えるだけで「自分はひとりじゃないんだ」と勇気が湧いてくる。

　お互い悪口を言い合うトルコ人とクルド人だが、同様に「旅人をもてなすことが自分たちを幸せに導く」と言っていた。きっと古代からこの交易路を行き交った旅人たちが、彼らを助けていたに違いない。かつてこの道を旅した人が残していってくれた贈り物のおかげで、今、僕はこうして土地の人に受け入れられながら旅を続けることができる。

情けは人のためならず

　寒さに凍《こご》えた山岳地帯からイランへと国境を越えると、標高が下がり気温が急激に上がった。変化のあったトルコの山岳風景とは対照的に、乾いた一本道が土漠《どばく》の地平線まで続く。僕は単調な風景の中を走るのが一番の苦手だ。さらに、難解なペルシャ語の看板や道路標識には、何が書かれているのかわからない。数字すら読むことができないのは心理的にしんどい。以前イスラエルの友人に何気なく「ヘブライ語はまったく読めないよ」と言ったら、「日本こそどこへ行っても日本語の表示しかない。誰も英語を喋らないし、喋ろうとするとみんな逃げていく」と言っていたのを思い出した。外国の人が日本で感じている寂しさとやるせなさが少しわかった気がする。みんなこんな思いをしているのだろうか。

イランではイスラムの戒律《かいりつ》により、肌を露出してはいけないので長袖と長ズボンで走行しなくてはならないのも、うっとうしかった。「しんどい」としか思えなかったので走りも冴えないし、イヤイヤやっているから運も天候も味方してくれない。サンドイッチを食べればハムが腐っていて下痢をし、トラックの風圧で路肩に飛ばされ転倒し、砂嵐には何度も見舞われた。日中はなんと摂氏五十度にもなる恐ろしい暑さで、出歩いているのは犬くらい。暑いのでやけになってTシャツで走っていたら、強烈な太陽で火傷《やけど》して両腕に水ぶくれを作ってしまった。安宿に泊まれば水が出ないし、ベッドはダニと南京虫だらけ。何もかもうまくいかない。

思えばこの頃が最も精神的にしんどかった。孤独で寂しくて、ハエが手の上を歩くだけで自分は認められたような気がして、ハエと話をしながら涙を流していた。

バムというイラン南東部の砂漠にある小さな街の郊外に、二〇〇〇年以上前に建てられたという城の廃墟《はいきょ》がある。確かにスケールの大きい城なのだが、石積みではなくすべて日干しレンガと泥でできている。城壁の中にはかつてのバザール、モスク、広場、住居、一部高官の宮殿の跡が見事に残っていた。（この地域は二〇〇三年十二月の大地震で、遺跡だけでなく家屋の多くが崩壊し、約四万人といわれる犠牲者が出てしまった。）

遺跡の日陰で休んでいる四十代後半のイラン人夫婦に「サラーム（こんにちは）」と声をかけた。僕は、目が合った人には、相手が誰であれ必ず挨拶するようにしている。すると男はペルシャ語で、「きみは自転車で走っている人じゃないかね？」とニコニコ顔で聞いてくるではないか。「えっ、どうして知ってるんですか？」とたずねると、「二日前にケルマンで君が走っているのを見たよ」。

ひとりで走っていると、それもイヤイヤやっていたので、こんなひとことが最高に嬉しい。男の隣に座って片言のペルシャ語で話をしていると、「家に来ないかね」と誘ってくれた。やった！　この時間だとお昼ご飯にありつける。誘ってくれた男の名はホセイン。遠くからバムに観光に来ている親戚と一緒だった。親戚を連れて車でここに来る道中、走っている僕を見かけたようだ。

靴を脱いで立派な日干しレンガの家に入り、一番奥の部屋に通されると、家族と親戚がすでに大勢集まっている。男性四人、女性五人、子どもが……十一人。ひとりずつ紹介してもらったが、聞いているうちにわからなくなる。今日は親戚が集まる昼食会のようだ。

カーペットを敷いた床に大きな楕円《だえん》を描き男女分かれて座ると、子どもたちがチャイをトレーにのせてひとりひとりに配り始めた。小さい子も、お兄ちゃんお姉ちゃんに教えてもらいながら、ちゃんとお手伝いをしている。

続いて円の中央にきれいなビニールシートがテーブルクロスがわりに敷かれ、大皿の料理が次々と運ばれてくる。本日のメインはチキンの丸焼き。うおー。パサッと炊いたサフランライスとこのチキン、そして何種類かのハーブを一緒に食べると最高においしい！ キュウリ、トマト、生タマネギ、そしてハーブを酢と塩だけであえたサラダもうまい！ さらに自家製ヨーグルトとバム特産のデイツ（完全栄養食であるナツメヤシ）が出てきた。この組み合わせは絶妙で、灼熱地獄《しゃくねつじごく》で生きていくのに必要なエネルギーがぎっしり詰まっているように思えた。

お腹いっぱいいただいた後は、メロンやブドウなどの新鮮なフルーツまで。男たちは「もっととって下さい」「いや、もうけっこう」「まあ、そう言わずに」「じゃあ、もう少し……」というのを延々とくり返していた。彼らはイスラム教徒なのでお酒を飲むことはないので、酒が飲めない僕としては非常に助かる。

最初遠慮していた男たちは、ひとりが口火を切ると、みんな矢継ぎ早に僕への質問を開始した。最初は、「イランと日本、どちらが好きだ？」「仕事は？」「給料は？」というものだが、だんだん「おしんはどこに暮らしているのだ？」「一休さんは今も元気にしているのか？」「サムライはいるの？」「なぜ忍者学校に行かないのだ？」というものになり、やはり最後は「恋人はいるか？」「女性はイラン人と日本人、どちらがいい？」という話で盛り上がった。世界中こういうところはみんな同じなんだなぁ、と思うと孤独を感じていたことがばからしく思えてきた。

時計の針が午後二時を回り、話も途絶えてまったりしてきたところで昼寝の時間。男たちが枕を持って来ると、女たちは別の部屋へ消えた。僕も枕を借りて、食事をした場所で横になる。

「ふーっ、最高」。男五人がゴロリとすると、居間は天井《てんじょう》のファンの音だけになった。

一時間半ほどして目を覚まし、顔を洗って中庭に出ると、すでに大半の人が集まって日陰でチャイを飲んでいる。ホセインは「やぁ起きたか。ほら、きみのだよ」とチャイをすすめてくれる。おばちゃんたちは僕をよそに大声で笑いながら、何か異様に盛り上がっている。誰かがボケると誰かが突っ込む感じで、こんな光景も一緒なんだなぁとホッとする。

「私たちはね、よそからのお客さんを家に招待できて嬉しいのよ」

おばちゃんは不意に僕に話を振ってくれた。「こちらこそ、いつもひとりだから、こうして家に誘ってもらえるのはとても嬉しいです」と、正直な気持ちを伝えた。するとおばちゃんは、「あなたが嬉しいと言ってくれて、私たちも嬉しいわ」と母親のような優しさで返してくれる。ペルシャ語が殆ど喋れないのが申し訳なかったが、出会いを通じて落ち込んでいた僕は少しずつチャージされていった。


この国でも、もてなしてくれた人に礼を言うと、「旅人を助けることが自分の家や国の繁栄につながるんだよ」と聞かされることが何度かあった。

日本にも「情けは人のためならず」という言葉がある。そんな言葉をシルクロードで反芻《はんすう》するとは思わなかった。国籍、民族、宗教、文化、言葉が違っても共通する人の「善」に出会うたび、身震いするほどの感動を覚える。人間っていい。帰国したらこんなことを日本の子どもたちに伝えたい、と思った。

北米大陸（アメリカ合衆国〜カナダ）一九九八年九月〜十二月

「先進国」を走りながら、何が人間を幸せにするのかを考えさせられた。
自分は先入観だけでものを見ていないだろうか。
——起こることすべてがメッセージだった。

がんばれば夢は叶う

九月というのにもう吐く息が白い。木の葉は赤、黄、オレンジ、そして太陽の光があたると金色に輝き、紅葉がピークを迎える。色とりどりのパッチワークのような森は実に美しい。胸いっぱいに秋の空気を吸い込むと、新たな大陸に来たという緊張感が走った。

北米のスタート地点であるアンカレッジでは、一年前にパキスタンで知り合った中学校の先生、セージの家でお世話になった。パキスタンではわずか数時間喋っただけだが、鍵を預けて家を自由に使わせてくれ、行く先々で友人を紹介してくれるなど助けてくれた。彼女はモンゴルや中央アジアなども自転車で走破している強者で、毎年夏は長期遠征に出かけている。留守中は無用心なので、家を誰かに貸すなどして自由に暮らしていた。

アンカレッジ出発の日、セージの中学校に寄って生徒たちに世界一周の話をしてから走り始めることになった。生徒はインディアン、アジア人、黒人、そして白人が混じっている。荷物を満載した自転車を教室に持ち込んで話をすると、質問タイムが始まった。

「ひとりで走っていて寂しくならないの?」「一日に何キロ走るの?」「海はどうやって渡るの?」という素朴な質問が続いた後、「一番長くシャワーを浴びなかったのは何日?」というものが出た。僕が「まあ、二週間ぐらいかな」と答えると、みんなに「ウワーッ、くっせー!」と言われた。「でも、チベットだから乾燥しているのでにおわないんだよ」と返すと、「グリズリーは嗅《か》ぎつけるよ!」と言われた。グリズリーは嗅覚《きゅうかく》の鋭い、時速六十キロで走る気の荒い灰色熊だ。さすがアラスカの子どもは言うことが違う。

セージが最後に、「タッはこの夢を四年間もかけて準備をし、実現させているんです。みんなにも『がんばれば夢は叶う』ということを知ってもらいたかったので、今日はタッに来てもらいました」と言ってくれた。そうなのだ、諦めなければ、がんばれば夢は叶うんだ。でもそれはいろんな人に支えられて初めて実現する。僕を支えてくれる人たちの顔が頭に浮かぶ。

初雪が舞った十月十四日、僕はカナダへとペダルをこぎ始めた。

「助けるのが当たり前」という人たち

誰もが言うように、十月中旬にアラスカを自転車で走る人はいない。寒さに加えて日照時間が短くなるからだ。町と町の距離があるので、何かあった時に危険が伴うのも理由のひとつ。

走り始めて四日目、朝九時から夕方五時まで走って約八十キロ。シーズンオフで閉鎖しているキャンプ場を見つけ、雨宿り用の小屋にテントを張った。雪の上にテントを張らなくてすむのでずいぶん楽だ。川の水を氷の隙間《すきま》から汲んできてガソリンコンロでご飯を炊き、ラーメンを作り、大量の干し肉とソーセージで夕食をとる。それでも足りないので、お湯を加えるだけの味付けマッシュポテトを食べた。

僕は毎晩必ず、食後に甘い甘い紅茶をいれる。テントのジッパーを閉め、シュラフにくるまって紅茶の湯気がロウソクの火でキラキラと光る様子を眺める。動きを止めると地球上のすべてが止まってしまったような静寂が訪れる。この瞬間が一日で最もリラックスする時間だ。

地図を広げ、ロウソクの光で今日走ったルートに線を引く。本来進んだことを実感する楽しいはずの作業が、地図の縮尺が小さいためにちっとも進まず、つまらない。北米大陸はとてつもなくデカイ。冬装備で荷が重く、走るペースが遅いのも原因だ。でも焦《あせ》ってはいけない。自分は進んでいる。

十月二十四日、カナダへと国境を越えた。今日もがんばって八十キロ先の、ヘインズ・ジャンクションに着きたい。昨晩かなり冷え込んだせいで、所々凍結した路面「ブラック・アイス」が残り、車がスリップ事故を起こしていた。直線が長くスピードを出しているせいで、車は何回転もしてガラスはグシャグシャ、屋根もぺチャンコという凄惨《せいさん》な車を今日だけで二台も見た。運転手は生き延びただろうか。この時期、南部アメリカからアラスカに移住して来る人が、よくスリップ事故に遭うという。車に山程の家財道具を積んでやって来るが、まだブラック・アイスの恐ろしさを知らないからだ。スリップ事故は、荷物がメチャメチャに飛び散って、それはもう悲惨だという。僕も車が近づいて来ると、こういった事故に巻き込まれるのではないかとビクビクしていた。

夕方六時、暗くなってからヘインズ・ジャンクションへ着いた。ここまで来れば最初の目的地、ヘインズまで二五〇キロ余りだ。

ガソリンスタンドを兼ねたキャンプ場はクローズしていたが、スタンドの強面《こわもて》オヤジは「好きなところにテントを張っていいよ」とぶっきらぼうに言った。キャンプ場といってもただの森で、一面雪で覆われている。僕はスプルース（マツ科の常緑針葉樹）の枝を少しいただいて雪の上に敷き、その上にテントを張った。この木の枝は手のひらを広げたように平らになっているので、まるで「テントの下に敷いて下さい」と言っているようだ。おかげでテントを濡らさず暖かく寝ることができ、木のいい香りもする。自然界は実にうまくできていて、いつも感動してしまう。

テントを張ってから男の所へ水をもらいに行った。無愛想なのであまり行きたくなかったが、お世話になるのだからきちんと正体を明かしておかなくてはならないだろう。

「この時期に自転車かい……」

「うん、だけどまだ寒波が来ていないから大丈夫」

一通りの話をしてテントへ戻ろうとすると、男が懐中電灯を持って追いかけて来た。「おい、ちょっと見てくれ、こっちだ」と言って、スタンドに停めてあったジープのトランクを開けた。

そして、「……昨晩撃ったやつだ」と、毛布で包んだ六十キロはありそうなティンバーウルフを嬉しそうに見せてくれた。この恐そうな男、わざわざ自分の手柄を見せるために人を呼び止めるとは、お茶目なオヤジだ。森にひとりで暮らしていると言っていたから、人恋しいのかもしれない。なんだか急に嬉しくなった。単純なもので、こんなことでも元気が出てくる。

翌朝テントをたたんでから礼を言いに行くと、「困った時は遠慮せずに助けを求めたらいい。みんないつでも力になってくれる。ここの人間はみんな親切だ」と言ってくれる。数日前、山小屋でお世話になった時も電話番号を渡されて、まったく同じことを言われたっけ。ひとりで走っていても、本当にひとりじゃないんだ。

「ここから一〇〇キロ以上行ったところに泊まれる無人小屋があるぜ。ヘインズへ行くんだろ」

「本当？　泊まれるの？」

「ああ。『ナダヒニ・リゾート』っていうんだ。名前だけは豪華だけど緑色の山小屋だ。ある善意の人がサイクリストやハイカーに無料で使ってもらおうと建てたらしい。ガイドブックにも載ってないし看板もないので、口伝えで教えてもらわない限り絶対にわからない」

「すごい情報をありがとう！」

「ああ。俺は、ここを通るすべてのサイクリストにこの情報を教えているわけじゃないぜ。お前はラッキーだ」

僕は出会う人、ひとりひとりとつながって前に進むことができる。

今日のうちに小屋まで到着したいが、あいにくの天候だ。一〇〇キロ以上も走れるだろうか。

「ナダヒニ・リゾート」と名づけられた無人小屋（カナダ）

「ナダヒニ・リゾート」の中で（カナダ）

空は一面どんよりと曇り、雪がちらついている。気温は〇度。午後から雪は雨へと変わったために、全身びしょ濡れになってしまい、ペダルをこいでも寒くて仕方がない。予想以上の登り坂と海からの向かい風、そして日照時間の短さに気ばかり焦る。日没が迫り、これで小屋が見つからなかったらマズイことになると思うと、どこにこんな力があったのだろうというぐらい力が出た。絶対にたどり着けると信じた。雲の中にいるようにガスっていたので、小屋を見過ごしていたら……という不安もあったが、自分を信じた。そして道端に、やっとの思いで深緑色の小屋を発見した。あと少し暗くなっていたら、見つけることはできなかっただろう。本当にギリギリだった。

ドアに南京錠《なんきんじょう》がかかっていたので一瞬ダメかと思ったが、鍵がかかっているように見せかけているだけだった。中に入ると、なんと薪、ストーブ、食器、調味料、マッチ、机、椅子、窓、三人まで寝られるスペースが用意されていた。電気や水やトイレは無いが、この冬の厳しい寒さと不安、向こう何十キロと何もない吹きっさらしの土地に、まさに天国を見つけた思いだった。ストーブに薪を入れて火をつけると、小屋の中の温度が一気に上がった。ずぶ濡れになって半分凍っていた手袋、帽子、レインウェア、バッグ、そして下着などを思いっきり干した。いったい誰だろう、こんなことをしてくれる人は。ここにある非常食、薬、ロウソク、カメラのフィルム、キャンプ道具、本などは、他に必要となる人のために、誰かが残して行った善意のものばかりだ。善意が善意を呼んでいる。僕も何か使えるものをと思い、ロウソクと自転車のスペアチューブを置いて来た。

宿帳を兼ねたノートを開くと、ここで癒《いや》された人たちの感謝のメッセージが山ほど綴《つづ》られていた。みんな僕と同じように凍えて到着し、この状況に感動し、生き返ったのだ。あるオランダ人サイクリストが書いていた。日付は二年前の冬。

「ここにたどり着けたことが、どれだけ幸せだったか！　この小屋は、人間を幸せにするために、いかに少ない物でこと足りるか、ということを教えてくれた」

まさにその通りだった。わずか二行で涙が出た。

インコになったタツ！

ヘインズからフェリーでシトカを経由し、アラスカ最南端の町、ケチカンへ入った。荘厳《そうごん》な山脈や氷河が見え、太古からの自然の営みを感じさせる。一帯のフィヨルドには年間を通じて霧がかかっているため、温帯雨林がうっそうと生い茂る。その森にトーテムポールが天に向かって静かに立っている。この光景は、僕が好きな星野道夫氏が撮影した写真で何度も見ていたので、初めてのような気がしなかった。

キャンプ場を探していると、「ヘイ！　どこへ行くんだ？」と、マウンテンバイクに乗った若者が僕を見つけ、反射的にそう言った。

少し話をすると、ケビンというその若者は家へ泊まっていくよう言ってくれる。男友だちと小さな家に住んでいるという。やった！　幸運の印だ。

ケビンは超難関である国立公園のレンジャーになることを夢見て、ケチカンでアウトドア活動をしながら勉強する学生だった。夜は在宅看護の仕事をし、ラジオでＤＪのボランティアもしていた。彼のように目的を持って生きる人に会うと元気をもらう。ケビンは僕よりずっと年下だと思っていたが、ひとつしか違わなかった。熱心なカトリックであり、よく教会やキリストのことを話してくれた。

十月三十一日、ハロウィーンの日。僕が「ハロウィーンは映画でしか見たことがない」と言うと、「せっかくこの日にここにいるんだから、やろうぜ」ということになり、急遽《きゅうきょ》衣装の相談をした。僕らは大きな色画用紙を買ってきて花びらの形に切り、真中に顔を出す「お面」を作った。そして暗くなってから子どもたちと、「トリック・オア・トリート！」と言いながら家々を回ってキャンディやチョコレートをもらった。中には僕らを見てあきれている人もいて正直恥ずかしかったが、それ以上にケビンの優しさが嬉しかった。

翌日、彼はインコを買って来た。前から欲しかったそうだ。そしてインコに僕の名前をつけた。色は僕が着ているレインジャケットと同じ黄色。ケビンが鳥かごのインコに向かって「タツ、タツッ！」と呼んでいる姿がおかしかった。

ケビンは僕がケチカン滞在を楽しめるようにと、最後まで自転車や車であちこち案内してくれる。そして出発の日、家でよく聞いていたテープをイラストと一緒にプレゼントしてくれた。「ケチカンを忘れるなよ」と言って。彼はきっといいレンジャーになるだろう。

午前〇時十五分のフェリーに乗り込んで、カナダのプリンス・ルパートへ向かった。翌日、明るくなってから自転車のフレームを見ると、イエス・キリストのシールが貼ってあった。ケビンのルームメイト、シェーンが貼ってくれたんだ……。別れ際、「今日、教会でタツのことを話したよ。今頃みんな、タツの安全を祈ってくれている」と言ってくれたっけ。もらったテープやキリストのシールも嬉しいが、それらに込められた想いやメッセージに感動する。ここでもいい出会いに恵まれて幸せだった。

辛いのは自分だけではなかった

実はこの三週間後、カナディアン・ロッキーを南下中、左膝《ひざ》に激痛が走るようになり、やがて歩くのも困難なほど悪化させてしまった。使いすぎ、慣れない寒さ、重たい荷物、サドルの高さなどが原因ではないかとフィジカルセラピストに言われたが、思えば精神的なものも大きかった気がする。

北米はいわゆる「先進国」なので、これまでのアフリカやアジアのような劇的な出会いは少ないだろうとイメージしていた。実際は親切な人ばかりだったし、一日一日、その日に出会う「助けるのが当たり前」という人たちに助けられて走ることができた。

だけど正直なところ、どこかで「未開のアフリカや、混沌《こんとん》としたアジアのほうが楽しい」と、「今」に集中していなかったように思える。その結果、膝を故障させ、走れなくなるという最悪の事態を引き起こしてしまったのかもしれない。結局、カナダのキャンモアという町で三週間通院とリハビリをしたため、遅れていた行程がさらに大幅に遅れた。そして長年夢見たイエローストーン、グランドキャニオン、ヨセミテなどの国立公園を断念せざるを得なくなった。

大晦日《おおみそか》から正月にかけて、自転車から離れて気分転換しようと、ニューヨークでMBAの留学中の親友、裕次郎を訪ねた。彼とは中学で一緒に自転車レースを始め、ツーリングにもよく出かけていた。久々の再会だったが何も変わっておらず、ホッとする。

東海岸には裕次郎だけではなく、ボストン、ワシントンにも多くの友人が活躍しているのがわかった。みんながんばっていた。そしてみんな悩んでいた。辛いのは自分だけではなかった。

あえて日本を離れて退路を断ち、自分の将来に投資する彼らは、大きな不安を抱えながらも前向きにやっていくしかない、という状況に身を置いていた。僕は予定のルートが走れなくなったことや、故障した膝とどう付き合えばいいのかばかり気にしていたが、彼らに会って、「とにかく前に進もう」「自分のできることを精一杯やるだけだ」という気にさせられた。これは僕が日本を出発する時に心に描いていたことだったが、すっかり忘れていた。彼らのおかげで初心に戻ることができたのである。

北米大陸では、一瞬一瞬を大切に目の前のことに集中しろ、という大切なことを学んだ気がする。世界一周に出て三年以上が経っている。帰国までの残り一年を充実させるための警告、いやプレゼントをもらったようだ。

南米大陸（チリ～アルゼンチン）一九九九年四月～五月

自分ひとりの力でできることは、ほとんどないようだ。
なぜ必要なタイミングで必要な助けが現れるのだろうか。
――何かがひとつひとつの出会いや出来事をつなぎ合わせてくれている。

奇跡のような出来事

世界一周を締めくくる、最後の大陸だ。

チリにある標高二四〇〇メートルの町、サン・ペドロ・デ・アタカマ。ここからアルゼンチンのサルタまで距離にして五二〇キロ、約一週間の行程だ。途中、地上最大の山脈であるアンデスをまたぐため、四〇八〇メートルの峠を越えなくてはならない。高山病の心配もあるが、キリマンジャロ登山やチベットの経験があるから大丈夫だろう。大部分が未舗装《ほそう》だが、フラミンゴのいる広大な塩湖、高地の砂漠、そしてサボテンの渓谷を通る美しいルートだ。

サン・ペドロ・デ・アタカマで峠越えの準備をする。ここの水は塩分が濃く、紅茶にしてもコーヒーにしてもまずくて飲めないので、地図や食料とともにミネラルウォーターも買った。峠の国境にはイミグレーションがないので、パスポートにチリの出国スタンプをもらっておく。

また一時間七ドルという現地の物価では考えられない金額を払い、インターネットで日本への連絡をすませた。今は世界中、まさかこんな僻地《へきち》に？というところにまでインターネットがあって便利ではあるが、人間が本来持つ直感を働かせずに過去の情報に頼ってしまう危険があるのは良し悪しだ。

走り出すと、これから越えていく茶色く乾いたアンデス山脈が目の前に立ちはだかる。フラミンゴの生息地を通って二日目。交通はほとんどなく、民家も人影もない。終日土漠を登り続け、日没前に標高三三〇〇メートルのソカイレという小さな村に着き、民家に泊めてもらった。走行は五十六キロ。極度に乾燥しているため唇はバリバリだが、体も自転車も好調だ。

翌朝、八リットルの大型ボトルに水を満たして出発。国境の峠まであと一四〇キロ。この辺りは先住民が住んでいるようだ。肌の色が浅黒く、服も町の人たちとは違う。小さな布のカバンを斜めにかけた少女が、元気よく羊の群を追いながら山へ登って行った。

標高が高くなるにつれ酸素が薄くなるので心拍数が上がるが、気分はいい。時折休憩《きゅうけい》のため道端の岩陰で横になり、目を閉じて眠りに落ちる。一〇分寝ただけでも体力と気力は回復し、再びサドルにまたがることができる。聞こえるのは風と自分のたてる音だけ。過不足のない準備をして、自分の判断に頼り、標高を稼いでいくのは楽しい。やればできるという自信と、カーブを曲がるたびに出会う風景との対話は病みつきになる。

三日目の五月四日、標高三八〇〇メートル。富士山より高いところまで来た。夕刻、強風を避けるため窪地にテントを張る。食欲があるので高山病も問題ない。不安と言えば、水がもつだろうか、ということだった。これまで地図にある川はすべて干上がっていたのだ。午後八時半、今ごろ日本では鯉のぼりが泳いでいるなぁ、と思いながらロウソクを吹き消した。夜中は氷点下になり、ボトルの水が凍った。

四日目、日の出とともに目覚め、凍った水を沸かして朝食を作る。風がなく、あまりにも静かなので、キーンという音が聞こえてくる気さえする。厳しい大自然の中に自分ひとりが対峙《たいじ》している心地良さと、自然に対する畏怖《いふ》の念からくる不安とが一体になった感覚を覚える。こういう状況に身をおくと、人間は無力ゆえに謙虚にならざるを得ない。幸運なことに強い追い風が吹いてきたので、距離を稼ぐために早々とテントをたたんで走り出す。標高四〇〇〇メートルを前後しながら、アカシアと固い草だけが生える不毛の大地をひたすら走った。

信じられないことに、昼過ぎから頭痛とめまいに襲われた。も、もしかして高山病？　高度に順応するために、ゆっくり上がって来たつもりなのだが……。吐き気がし、食欲もなくなり、やがてひどい倦怠感《けんたいかん》からペダルがこげなくなってしまった。自転車にまたがっているのさえ辛い。典型的な高山病の症状だった。高山病は空気中の酸素が少ないのが原因で起こる。

「ふーっ、どうしたらいいんだろう」

風が吹き荒れ自転車を押すのも辛くなり、少し進んでは岩や砂山の陰で風を除けて横になる。高山病になった時は無理に動いてはいけない。無理をすると呼吸困難や意識不明になり、死に至る。高山病を治すには高度を下げるしかないが、ここまでの強風を思い返すと、風に逆らってまで戻る気になれないし、体力ももたない。水があると言われた十キロ先まで行ってみようか。しかし、そこに水があるという保証はどこにもない。交通はゼロ。誰も通らない。

それにしてもひとりっていうのは、こんなに心細いものなのか。昨年チベットで帰らぬ人となってしまった自転車仲間のナベさんは、もっと極限の状態にあり、もっとずっと心細かったに違いない。

もしこのまま時間だけが過ぎていったら、いつ、どうやって僕は発見され、どのようにして日本に知らされるのだろうか。遺品はどう処分されるのだろう。なんて弱気になり、知らず知らず思考が「死」について流れて行く自分に気づき、首を振って我に返る。自分が「死」について考えていることがショックだった。

ボーッとしながらも、選択肢《せんたくし》はひとつしかないと思った。体力を温存しながら回復を待つ。症状の回復までに水が尽きてしまえば、それまでだが……。水は残り一・五リットルしかない。道中の川で少しは水の補給ができると考えていたが、誤算だった。湖はいくつもあるが、全部塩湖で飲むことができない。麓《ふもと》の町の水がしょっぱかったのを知りながら、こんなことにも気づけなかった。最後は小便を飲もう。水分ならなんでもいい。すぐに飲めば雑菌もないだろう。

再び風が強くなってきた。今テントを張らないと、後ではその力があるかどうかわからない。これでテントが風に持っていかれたら助からない。ペグを打ちこみながら、妙な思いにとらわれる。これは自分の墓を作っているんじゃないかと……。さらに自転車を道の真ん中に横倒しにし、もし車が通ったら異変に気づいて停まってくれることを祈った。とは言っても、車は数週間前に全面舗装されたひとつ北の峠を行くので期待はできない。

絶望的な思いで道端に張ったテントに入ろうとした時、峠から砂煙を巻き上げて一台のピックアップ・トラックが向かって来た。え、まさか？　僕は目を疑った。ピックアップはゆっくりとスピードを落とし、横倒しにした自転車の前に停まった。ヨロヨロと駆け寄って運転手に助けを求める。

「国境警備隊のところまで連れていってあげよう。酸素ボンベがある」

た、助かった！

ピックアップに自転車を積んでもらい助手席に乗り込むと、男はアスピリンをくれた。そうか、アスピリンを飲むことさえ忘れていた。そして、チリでは高価な缶ジュースをくれる。アスピリンなんか持っているし、ピックアップも上等だ。いったい何者だろう。

男は来た道を国境警備隊のところまで戻ってくれた。隊員たちは、男に敬礼をする。男は、「この日本人の面倒をしっかり見るように」と命じ、僕には名刺《めいし》をくれた。その肩書きは「チリ第二州の知事」だった！　命の恩人は州知事だった。将来道路を舗装するための視察に来ていたとのこと。そして彼は何事もなかったかのように、来た道を下って行った。まるで映画のワンシーンでも見ているようだった。

「天は味方してくれた」。そうとしか思えなかった。ありえないタイミングで助けられた。少し前までは強風が吹き荒れ身動きがとれず、思考も働かず飲み水も残り少ない絶望的な状況にあったのに、今は人がいる暖かな建物の中で酸素ボンベを吸い、高山病や重労働の苦痛を麻痺《まひ》させるコカ茶を飲んでいる。こうして普通に命あることが不思議でならなかった。

この日は標高四三〇〇メートルにある、チリ国境警備隊の宿舎で早々と休ませてもらった。五月五日だった。

翌日、頭痛と微熱が残り、乾燥のためか鼻血が出た。気分がすぐれないので再び酸素を吸わせてもらいながら、もう一泊させてもらうことにする。国境警備隊は男だけが六人。一カ月交替の任務だそうだ。ここを通る車は滅多にないので、国境のパトロールをする以外はみんな暇をもて余していた。彼らはトランプをするか、ビデオを見るかの生活で、僕はいい話のネタになったようだ。彼らが言う。「日本といえばチャーハンだろ。作ってくれ！」と。

ちょっと勘違いしているが、まあいい。標高が高いために水の沸点《ふってん》が低いので圧力鍋でご飯を炊き、限られた食材でなんとかそれらしい物を作ると、「うまい、うまい」とたいらげてくれた。彼らはいつもパンと紅茶かコーヒーなので、珍しいものを口にでき喜んでもらえたようだ。

夜、男たちと食堂の丸テーブルで食事をしていると、みんなが僕に向かって「もう戻って来るなよ、永遠に！」と言う。え？ 親切だった男たちが、なんで急にそんなことを言うのだろう。スペイン語なので聞き間違えたのかもしれない。ちょっと沈黙してから僕が「どうして？」と聞くと、ひとりの男が、指でドラキュラのように飛び出した歯の形を作った。他の男たちはニヤニヤしている。「なんだそれは？」と聞いたら、「お前は食いすぎるからだよ」と言われ、全員で大爆笑。高山病で食欲が減っているのにそんなことを言われるとは。笑いながら、なぜか涙が出た。昨日まで知らなかった、いかつい男たちと一緒にゲラゲラ笑えるのが嬉しかった。

二泊させてもらい、丁寧にお礼を言って二十五キロ先の国境へ。頭痛は残るが気分は悪くない。国境は「ようこそ、アルゼンチンへ」の大きな看板があるだけで、ゲートも何もない。二七〇キロ先のサルタを目指して峠を下り始める。悪路の振動がガンガン頭に響くが、早く高度を下げたい一心でペダルをこいだ。途中、踏ん張りがきかず、砂利《じゃり》にハンドルをとられて大きく転倒してしまった。手はグローブをしているから大丈夫だが、腰を打った。緊張感がなく、倒れてもすぐに起き上がることができない。起き上がって重たい自転車を引き起こし、この無表情な乾燥地帯を走り続けることを考えると気が遠くなる。大地に倒れたままぐったりして短いため息をつくと、そのまま音のない世界で寝てしまいそうだった。

その時、風にのって静かな声が聞こえてきた。

「——僕らは好きでこんな暑くて乾いた土地に生まれたんじゃない。だけど与えられた環境で命を守り、子孫を残すために必死の努力をしてトゲを授かった。雨がほとんど降らないので体内に水を蓄える仕組みを作った。君はなんでも手に入り、環境を選ぶことができる星の下に生まれながら文句を言おうってのかい?」

僕はハッとして頭を起こした。声の主は、傷ついてボロボロになりながら使命をまっとうする道端のサボテンだった。一生懸命生きようとする姿は、本当に美しい。数日前に、「死ぬかもしれない」などと弱気になっていた自分が情けなくなる。サボテンにも励まされ、「自分はひとりではない」と思えることが励みになった。

今回は過信していた。「もしかしたら」という状況を考えなくてはならないような行動は、絶対に避けなくてはいけない。自分を信じることは力になるが、過信はすべてを失ってしまうのだ。

叱咤激励してくれた道端のサボテン（アルゼンチン）

居心地の良さに5泊もしてしまった民宿の家族と（アルゼンチン）

もしかして、これは

目的地であるアルゼンチンのサルタという大きな街へ下りて来た。当たり前だが人がいて、空気も湿度もあって安心する。自信をなくしたこともあり、少し休みたかった。

下山途中の村で知り合ったおばさんに紹介された民宿に転がり込み、十日ぶりの温かいシャワーを浴びた。幸せだった。この宿、看板もないので最初はだまされたと思っていたが、不思議なことに僕が高山病のことはまったく口にしていないのに、「大変だったわね」「辛《つら》かったでしょう」「もう大丈夫よ、ゆっくりしていきなさい」と家族がねぎらってくれる。お茶やお菓子も出してくれるし、洗濯もしてくれた。さらにスペイン語を教えてくれ、自転車の修理も手伝ってくれ、街まで案内してくれた。食事も「外で食べてもおいしくないだろう。一緒に食べよう」と、家族と一緒の食卓で三食お世話になってしまう。次から次へと遊び道具を持って来る、九歳になる子どもと遊んだのも楽しかった。お陰で高山病のことなどすっかり忘れていた。

あまりの居心地の良さに、五泊もしてしまった。宿代を払おうとしたら、半分も受け取ってくれない。ご飯もたくさん食べているのに、そうはいかない。が、どうしても受け取ってもらえない。午前中に出発したかったが遅くなってしまい、「お昼、食べてから行きなさい」と、ついごちそうになってしまう。いつものように食べ過ぎてしまい、動けなくなって昼寝する。そのあとも大変だった。「もっといていいから。お金は要らないよ」「明日出発しなさい」という言葉を振り切ってスタートする。本当はもっと甘えていたいが、これ以上お世話になると、本当に出発するタイミングを逸してしまう。

自転車を外に運び出すと、十八歳になる親戚の少年が友人を四人引き連れて、自転車で見送りに来てくれていた。街を出るまでは道に迷いやすいからと、二十キロ以上も伴走してくれたのだった。みんなの深い思いやりが心にしみる。どうして人はこんなに親切になれるのだろう。

高山病のこともあり、しばらく自転車にはまたがりたくないと思っていたが、気分を入れ替えて新たなスタートを切ることができたのは、僕を息子のように受け入れてくれたあの家族のおかげだ。あの巡り合わせなしには、僕はしばらく再スタートを切ることはできなかっただろう。後々よく考えてみると、宿を紹介してくれたおばさんはあの家族の親戚だと言っていたから、僕が高山病で苦しんでいたことを事前に電話などで伝えてくれたのかもしれない……。そうだ、きっとそうに違いない。

改めて不思議だったのが、「なぜ必要なタイミングで、必要な助けが現れるのか」ということだ。たまたま通りかかった州知事は、僕が倒れた前日でも翌日でもなく、あの日あの時に通ってくれた。サルタでは、「しばらく人に会わず、ずっと寝ていたい」と思っていた僕に、家族同様に接してくれる人たちを紹介してもらえた。「ひとりでは何もできない」と実感すると同時に、何かがひとつひとつの出会いや出来事をつなぎ合わせてくれている気がしてならなかった。

第二章　日本縦断・夢の掛け橋プロジェクト　二〇〇二年五月〜十二月

撮影：早川友紀

「夢の掛け橋プロジェクト」始動！

一九九九年十二月二十八日、自転車世界一周の旅を終えて帰国した。

その十日後の二〇〇〇年一月六日、僕は世界一周の荷も解かぬまま、ミキハウスでの社内新年会に出席することになった。四年三カ月という歳月。三十一歳にもなって、やりたいことだけをやらせてもらってきた男が、サポートをしてくれた社長と社員に帰国の報告をする時である。いったいどんな顔をして行けばいいのだろう。どれだけの人が笑顔で迎えてくれるかばかりを案じていた。

かつて通い慣れた社員通用口を入ると、思わぬ光景が目に飛び込んできた。

「お帰りなさい！　坂本達」

同じ部署だった後輩が、横断幕を張り出して待ってくれていた。熱いものがこみ上げてくる。信じられなかった。

新年会が始まると「自転車じゃなくてトラックに乗って世界一周じゃねえの？」「よくファックス届いてたけど、近くのコンビニから送ってたって噂《うわさ》だけど？」「梅田で達のこと見たって奴がいるよ」「おい、達じゃねえか！　次はラクダで世界一周って本当か？」と、みんなが笑顔で声をかけてくれる。初めて顔を合わせる新入社員は、「お帰りなさい！　社員通用口の掲示板に貼ってあったお手紙、いつも読んでいました」「どんな人かと楽しみにしていました」と言ってくれる。世界各地でたくさんの親切な人に巡り合ってきたが、会社の仲間は「こんな人たちがいてもいいのか」というくらい、温かさにあふれていた。この世で自分ほど恵まれた人間はいないと、心の底から思った一日だった。

帰国して十日余りで会社の仕事に戻った。出発前と同じ人事部、そして同じ新卒採用の仕事。以前は「仕事をしている」という気持ちだったが、不思議なことに今は「仕事をさせてもらっている」と思える。当たり前のことだが、多くの人が関わりあい支え合って初めて仕事ができる、ということに素直に感動できる。世界一周中と同じだ。

それでも現実は厳しかった。四年以上のブランクをとり返したいが、何をどうしたらいいのか見当がつかない。何を期待され、どう動いたらいいのか。ただ時間だけが過ぎていった。笑顔で接してくれる社員もいれば、よそよそしい社員もいる。まわりが気になりだすと、さらに動けなくなった。

夢を叶えた今、世界一周した事実やその内容ではなく、「そこから何が生かせるか」という現実に向き合わなくてはならない。「次の夢は？」と聞かれることも多く、プレッシャーを感じる。これから自分はいったいどうやって生きていけばいいんだろう。会社での取材時、同席した広報担当の先輩に、「帰国後の坂本君の仕事ですか？　会社が期待できるようなことをやってもらうようじゃダメですから、想像以上の活躍を期待していますよ」とさらっと言われ、僕は苦笑いするしかなかった。夜になると胃が痛むので、ベッドで猫のように丸まって寝る日が続いた。

そんな僕に手を差し伸べるかのように、人事部の上司、藤原氏が僕にしかできないある仕事を作ってくれ、任せてくれた。それは人生の岐路《きろ》に立つ就職活動中の学生へ、体験を通じた「応援メッセージ」を送ることだった。僕は、夢は叶うということ、目標を持てば自分次第でいくらでも可能性は開けるということ、自分を信じることなど、世界一周を通じて学んだ様々なことを必死に伝えようとした。最初はうまく伝えきれず悶々《もんもん》としていたが、同僚が何度も忌憚《きたん》のないアドバイスをくれ、励まし続けてくれた。そして会社説明会にもかかわらず、会場を真っ暗にして世界一周中のスライドを映すことも許された。みんなの助けを受けながら試行錯誤を繰り返すうちに、学生から説明会のお礼に加えて、僕へも感謝や激励のメッセージをいただくようになったのである。

こうしてチャンスをくれる上司ときっちりフォローしてくれる後輩たちのおかげで、僕は少しずつ会社での役割を感じられるようになった。藤原氏は学生時代、人形劇団のサークルで脚本や演出のプロを目指していたこともあり、人の使い方や演出に長《た》けていた。さらに元自転車少年で、今もマウンテンバイクで通勤する自転車好き。僕はつくづく人と環境に恵まれたと思う。

一方社外では、自転車世界一周から帰国したことがニュースになると、小学校などから「体験談を聞かせて欲しい」と声がかかるようになった。僕はもともと人前で話をするのが苦手だし、自分自身、他人の旅行話を聞いて楽しかった記憶がないので、どうやったら九十分も飽きずに聞いてもらえるだろうかと悩んでしまった。誰も他人の自己満足の話なんか聞きたくない。ここで役に立ったのは、会社でのメッセージを伝える「仕事」。すべて一本の線で綱渡りのようにつながっていた。

後日、子どもたちから届いた講演会の感想文を読むと、同じ日に同じスライドを見て同じ話を聞いているのに、子どもたちはそれぞれ違ったことを感じ、違った表現をしていた。これには驚かされた。僕の体験が、僕を離れて、子どもたちのものとして生まれ変わっているのだ。

また、感想文の中にこんなメッセージがあった。

「達さんのお話を、もっとたくさんの日本の子どもたちに聞かせてあげて下さい」

僕は最初、「へぇ、小学生がこんなことを書くのか」としか思わなかったが、何度も講演に呼んでもらううちに、こういったメッセージが多いことに気づき、目から鱗《うろこ》が落ちた。

そうか！　自分にできるのはこれかもしれない。メッセンジャーとして世界での体験を伝えることだ。限られた一面だけを見てわかったような顔をしているのかもしれないが、それでも自分の目にした事実と体験を伝えたい。幸せの基準はひとつではないこと、人はみんな違っているから素晴らしいこと、多くの人に応援してもらえればどんな夢も実現するということを伝えたい。それで日本人がより豊かに生きられるようになったら、どんなに素晴らしいだろう！

より積極的に講演活動を行うようになったのは、それからだ。回を重ねるたびにかけがえのない学びがあり、新しい感動があり、伝える相手がいることに感謝できるようになる。会社は「子どもに夢を与えられるのなら」と、平日でも講演に行かせてくれるようになった。

やがて周《まわ》りから「本を書いたら？」と言われるようになり、単純な僕はその気になって書店で片っ端から本を立ち読みしてイメージを広げた。そして、そのチャンスは間もなく訪れる。

木村社長が会社説明会での「応援メッセージ」を聞いてくれ、子どもたちからの感想文を読んで涙を流していたのである。

「みんな、ええ子やな……」「ほんまに素直やな……」「タツ。こんな時代だから、学生や子どもたちが元気になるような本、書いてぇや」

きたーっ！　ミキハウスの出版部は、文章を書けるかどうかもわからない僕に、本を書かせてくれることになった。旅行中の日記とレポートはすべて保管していたし、約二万五〇〇〇枚の写真も出番を待っていた。

そうこうして帰国後約一年で初作の『やった。』が出版になり（二〇〇一年一月三十日刊）、あっという間に四刷、五刷になった。すごい勢いだった。本にサインをするのも最初はビクビクしていたが、自然にできるようになる。書店に行くと店員に、「坂本達さんですか？　本にサインしていただけませんか？」と声をかけられ、本が平積みされた売り場へ案内される。年一〇〇回以上講演するようになり、行く先々で「先生」と呼ばれるようになった。ラジオの出演や原稿依頼も増え、すべてが順調だった。

こんな時、常に思い出す手紙がある。中央アフリカ・カメルーンのジャングルで奉仕活動をされていた、シャルトル聖パウロ修道女会のマ・スール・モニック・末吉さんから帰国後に届いたものだ。

「――　なにしろ、あの苦しみを耐え、最後まで走り続けられた意志力の強さ、はじめての国、人々とのやさしい会話の交換、貴方の人間味の豊かさが国々の人々に受け入れられたのだと思

ミキハウスの本

（今後の出版活動に役立たせていただきます。）

ミキハウスの本をお買い上げいただき、誠にありがとうございます。
ご自身が読んでみたい本、大切な方に贈りたい本などご意見をお聞かせください。

お求めになった店名	この本の書名

この本をどうしてお知りになりましたか。

1. 店頭で見て　2. ダイレクトメールで　3. パンフレットで
4. 新聞・雑誌・TVCMで見て（　　　　）
5. 人からすすめられて　6. プレゼントされて
7. その他（　　　　）

この本についてのご意見・ご感想をおきかせ下さい。（装幀、内容、価格など）

最近おもしろいと思った本があれば教えて下さい。

（書名）　　　　（出版社）

ご協力ありがとうございました。

郵　便　は　が　き

おそれいりますが切手をおはりください。

102-0072

（受取人）
東京都千代田区飯田橋3-9-3
ＳＫプラザ3Ｆ

三起商行株式会社
出版部　　　　行

ご記入いただいたお客様の個人情報は、三起商行株式会社　出版部における企画の参考およびお客様への新刊情報やイベントなどのご案内の目的のみに利用いたします。他の目的では使用いたしません。ご案内などご不要の場合は、右の枠に×を記入してください。		□
お名前(フリガナ)	男・女 年令　　才	ミキハウスの本を他にお持ちですか YES・NO
お子様のお名前(フリガナ)	男・女 年令　　才	以前このハガキを出したことがありますか YES・NO
ご住所（〒　　　　）		
TEL（　　　）	FAX（　　　）	

mikiHOUSE

います。しかし、神に感謝することを忘れてはなりません。有名になってうぬぼれてしまえば、すべての経験が空になってしまうでしょう。日本でも、神様に祝福された人生を送れますように！　賢明に働いて下さいませ。――」

僕は弱い人間なので、この手紙がなかったら今ごろ有頂天《うちょうてん》になってすべてを失っていただろう。自転車で世界一周した人は日本に何人もいる。僕は「有給休暇で」というあり得ない幸運に恵まれ、日々ショップで接客している社員、僕を守ってくれている上司、仕事を引き受けてくれる後輩たちに支えられていることを決して忘れてはいけない。自分の力だけでやっていることなんて、ほんのわずかしかないのだ。


充実し、忙殺《ぼうさつ》される毎日を送りながらも、悩まない日は一日もなかった。果たしてこれでいいのだろうか。これが自分の道なのか。自分は正しい道を進んでいるのだろうか。借りは返せているだろうか。弱い自分が「会社もスポンサーも、みんなを満足させなくては」と思い、ノイローゼになりそうだった。身近な人や家族、笑顔を見せてくれる会社の仲間、子どもたちからの手紙が何よりの励ましだったが、答えは依然として闇の中だった。

その年の十一月、大学の友人で俳優の秋元海十が四国八十八カ所霊場めぐりをしていたので、大阪から車を飛ばして一日だけ一緒に歩いた。これから冬というのに一四〇〇キロを歩きお遍《へん》路《ろ》する彼を見て、自分の足を使う大切さに改めて気づかされる。そしてそれが、「もっと日本の子どもたちに伝えて下さい」というメッセージとつながった。自転車で日本を縦断しながら子どもたちにメッセージを伝える、「夢の掛け橋プロジェクト」を思いついたのである。

一度スイッチが入ると次から次へとアイディアが浮かんでくる。仕事の調整、日本縦断のルート、スタートとゴールの組み立て、広報、ホームページ作成、スポンサー探し、自転車や装備の準備、そして企画書作り。動き出すとアイディアとネットワークがどんどん広がった。世界一周の時と同じく、加速度的に物事が動き始めたのだ。

大晦日《おおみそか》、同じ市内に住む社長の自宅に日本縦断の企画書を持って行った。

「社長。今、日本には夢を語る大人が必要です。日本中を自転車で回って、夢を持つ大切さを伝えてきます！」

年明け、社長は「うちは広い意味で子どもらに夢を与える会社でありたいと考えてるんや。タツは、日本の子らに夢は叶うということを伝えたってくれ」と返事をくれた。二度目の長期有給休暇が認められた。「社会貢献も企業の大切な使命」という理念を実践する社長を前に、目頭が熱くなる。なんて夢のある男なんだろう。僕はこの男のため、そして世界各地で受けた恩を返すために、子どもたちにメッセージを伝え続けたい。納得《なっとく》の行く形で社長に「タツを世界一周に行かせて良かった」と思ってもらえればいい、と思うようになった。

こうして自転車で日本縦断しながら全国の小中学校などで講演をする、「夢の掛け橋プロジェクト」が始まった。五月五日の子どもの日に北海道をスタートして、クリスマスに沖縄にゴールする約八カ月間のプロジェクトだ。

人事部ではこの頃、上司が同期入社の八木下という男になり、「達の夢を応援するのが僕らの使命」と言い切ってくれた。仕事の負担が増える後輩は、恐縮する僕に「達さんにしかできないことをやって下さいよ。四年以上も休んでおいて、いまさらなに遠慮してるんっすか」と言ってくれる。こんなことってあってもいいのだろうか。僕はこの瞬間に、日本縦断のプロジェクトが成功するイメージを確実にした。

世界一周を支援してくれたところを中心に、他企業からも協力を得ることができた。採用活動中に出会った学生が、就職先の会社でホームページの管理とメールマガジンの発行をサポートしてくれることになった。そしてなんとプロジェクト開始の前日には、大学ゼミの友人が朝日新聞の「ひと」欄で僕を全国に紹介してくれた。今回も社内外、たくさんの人たちに支えられてプロジェクトが始まる。目に見えない大きな力に後押しされたのは、自転車で世界一周をしていた時と同じだった。

以下に、「夢の掛け橋プロジェクト」とその後も続けている講演活動で伝えている内容のごく一部を講演録として、また感想文や子どもたちのイラスト、いただいたお手紙なども、ほんの一部だけですが、了承を得てご紹介させていただきます。子どもたちに伝えたいメッセージが伝わったならば幸いです。ここに掲載させて下さった方々、ありがとうございました。

講演録抜粋

二〇〇三年三月十六日
ラボ国際交流のつどい　九州支部参加者結団式
主催／財団法人ラボ国際交流センター
「夢が叶ったのは世界中のみんなのおかげ」より

　私は、小さい頃から「世界中の人と出会いたい」というのが夢でした。そして、自転車という手段で世界一周をしてきました。自転車といいますと、天候に左右されることが多くありますし、道に迷ったり、人に助けられたりということの連続です。

　これから外国へ行かれる方も、きっと同じような不安な思い、また期待に胸を膨らませたりしているでしょうし、行ってからも時には日本を思い出したりすることもあると思います。是非今日はその予行演習ということで、一緒に世界一周へでかけたいと思います。

　私は、世界地図を見るのが大好きだったんですね。小学生のころから、「この国の人はどんな人なんだろう。何を食べているんだろう。どんな生活をしているんだろう」と思っていました。そして、それを実際に見たいと思うようになったんです。ですから、小学校五、六年生の時の夢が、十六年経って、自転車での世界一周という形で実現したんです。

（世界一周の際に撮影したスライドを映写）

　私は、たったひとりで世界を回ってきたんですが、結局ひとりでも、ひとりではなかったんです。いろんな人が現地で支えてくれました。必要なときに、必要なタイミングで呼んでくれて、ご飯を食べさせてくれて、道を教えてくれました。

　今日のこの講演のタイトルも「夢が叶ったのは世界中のみんなのおかげ」です。一〇〇万回以上、僕は「ありがとう」を言ってきました。いろんな人に支えられて、助けられて、夢が実現したんです。そのために、僕がやってきた三つのこと

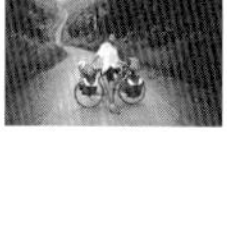

を、皆さんにも是非実行してもらいたいと思うんです。

　まずひとつ目が、挨拶です。

　挨拶ができるかできないかで、ものすごく物事が変わってきました。自転車でひとりで村に向かうときに、村が見えてくると、人がぱらぱらっと見えてくるわけです。そうすると胃がきゅっと痛くなるんです。なぜかというと、言葉も通じない村ですね。知っている人はひとりもいない、受け入れてくれる人もいないわけです。もしかしたら悪いやつがいるかもしれない。そこに、たったひとり、通訳も、コーディネーターもいない、自分ひとりで行かなければいけない。ものすごく怖いんです。

　でもそんな時に、自分が村に行って、まず挨拶をしっかりするということ。最初に出迎えてくれる男の人たちが、みんな腕を組んでいて怖いんですね。男の人がずらっと出てきて、女の人と子どもの姿は最初はないんです。「お前、いったい、オレの村に何の用があるんだ」と、腕組みをしてくるわけです。僕も怖いですから、すぐ手を組みそうになるんですが、そのときに、現地の言葉で挨拶すると、必ず手を出して応えてくれるんですね。そうすると、相手の体温が伝わってきて、「あ、肌の色は違うけれども、同じ仲間だ」と。「食べものはあるか、寝るところはあるか、次の村に行くんだったら、その村の村長を紹介してあげる」と。最初は本当に怖い顔をしていた人が、挨拶ひとつで今度は味方になってくれるわけです。

　日本でも同じです。近所の人に会ったときにまず「こんにちは」と挨拶ができること。先生とか友だちに会ったら自分から挨拶をすることで、その人たちが味方になってくれて応援してくれて、いろんなことが前向きに進むんです。成功していくと思います。ですから、挨拶ということをとても大切にしてもらいたいと思います。

　ふたつ目が、当たり前のことはないということです。

　いろんな物事を当たり前と思っていると、現地の人も誰も助けてくれないんですね。ご飯の時間

になって、ご飯を出してもらって、「いただきまーす」と言って食べて、それで終わりだと、「本当に喜んでくれたのかな」と、向こうは心配になるわけです。一緒に食器を片付けたりとか、一緒に準備をしたりということで、「楽しんでくれている」と思うわけですね。

　学校に行くときも、みんな「行ってきます」と普通に学校に行くかもしれないですが、でも、家族の人とか保護者の人の「ちゃんと勉強して、事故にあわないように帰ってきて欲しい」という思いがあって初めて、時間が過ごせるわけです。

　小さなことにも感謝をと言いましたけれども、何事にも「ありがとう」と言えないと、受け入れてもらえないと思います。現地についたら、「こんにちは」と「ありがとう」と感謝の気持ちを伝えて、いろんなお手伝いを是非してもらいたいなと思います。

　三つ目なんですが、これは非常に大事なことです。

　自分たちが大事にしているもの、あるいは好きなもの、それを是非向こうで紹介して欲しいということです。それは、日本の文化かも知れませんし、皆の持っている個性、例えばスポーツだったり、料理だったり、動物が好きということだったりするかもしれません。それを、一生懸命発揮する。恥ずかしくても発揮するということなんです。言葉ができない、向こうの作法が分からない。でも、ひとつのできることが認められると、みんなの全体が認められるわけです。自分の個性、持っているものをアピールするということです。人の真似をしてもなかなか通じないんですね。

　ひとつだけ、皆さん日本から持っていって、自慢できるような、日本の文化とか、スポーツとか、何でもそれを持っていってください。少しでも、向こうの人にたくさんの情報を与えてもらいたいなと思います。

　是非ですね、今言った最初の挨拶、あと、感謝の気持ちですね。そして三つ目が、自分の個性、自分というものをアピールすることを心がけてもらいたいなと思います。

私も何回か転校したことがあります。転校をしたことで中学三年のときに「いじめ」にあい、クラスに入ることができなくなりました。希望の高校の受験にも失敗しました。でも、今の高校に入って、はじめて私の個性を認めてくれる先生を見つけました。だから今では、受験に失敗したことに感謝しています。先生の講演を聞いて「やっぱり『感謝』っていいんだ」と改めて思うことができました。

（静岡・高校三年・女子）


講演をお聞きして「今の自分に欠けていること、努めて身につけていくこと」がはっきりしました。この三年間で自分がよくない方向に行っているのを自覚しながら、なすがままの毎日を送っていました。そんな時に、坂本さんが語られた言葉は心に沁みました。

（大阪・教員・五十代男性）

講演の感想

これからは、食べるものがあってありがたい、飲むものがあってありがたいという感謝の気持ちをもって一日一日を過ごしたいと思います。

（沖縄・小学四年・女子）


「生きていることは当たり前じゃない」という言葉が心に残りました。僕が十四歳のときに入院した部屋は、僕以外は白血病でした。生きていることは当たり前じゃないんだってことを再確認できました。

（岡山・大学四年・男性）


坂本さんは、人はささえあって生きていることを教えてくれました。とても大きなことを教えてくれたのだと僕は思いました。

（浜松・中学二年・男子）


夢は自分自身の意志や努力の積み重ねで実現できると思い込んでいましたが、それだけではなく、自分の夢を応援してくれる人がいて、出会いの中で気付くことや発見することによって実現することを知りました。

（富山・中学二年・女子）

（和歌山・小学四年・女子）

子どもたちから寄せられた感想文とイラスト

すごい　さかもとさん
せかいいっしゅう

坂本さんの話を聞いて
三年一組西番
名前 島袋あおい
A.S
ドア
坂本さんは、えらい。イモ虫をごちそうされても、ちゃんと感しゃして食べている。

その坂本さんをもてなした国の人は、もっとえらい。とってもまずしいって、自分たちでも分かっているのに、一番大切なにわとりを、坂本さんに、あげた。坂本さんは、どんなにうれしかっただろう。

ゆめを持つって、どんなにすばらしい事だろう。

坂本さんの様に私も、まずしい人たちに、手をさしのべられる人になりたい。

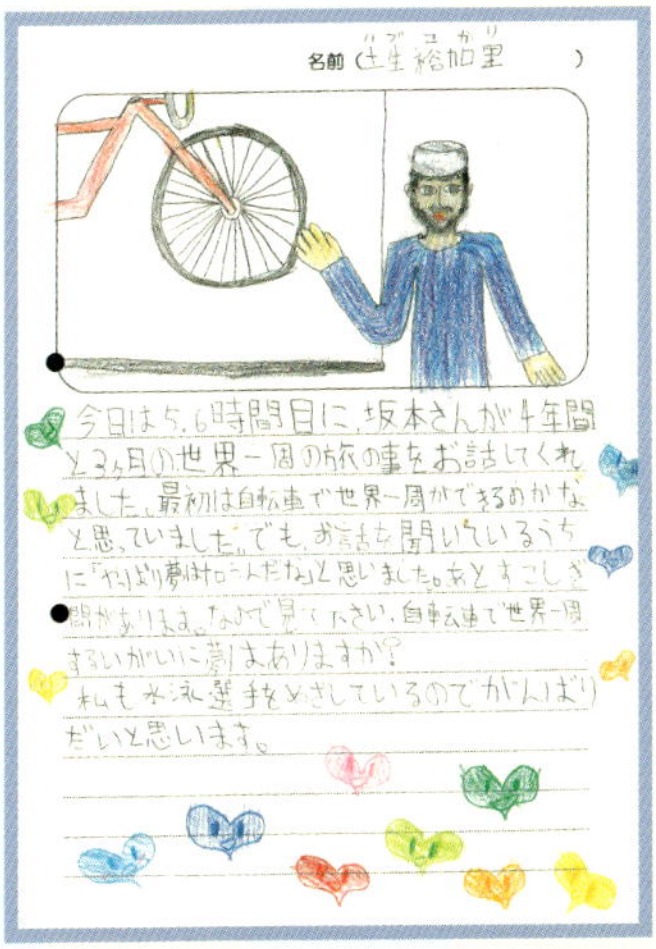
名前（壬生絵加里）
今日は5.6時間目に、坂本さんが4年間と3ヶ月の世界一周の旅の事をお話してくれました。最初は自転車で世界一周ができるのかなと思っていました。でも、お話を聞いているうちに「やっぱり夢は叶うんだな」と思いました。あとすこしぎ問があります。なので見て下さい。自転車で世界一周するいがいに夢はありますか？
私も水泳選手をめざしているのでがんばりたいと思います。

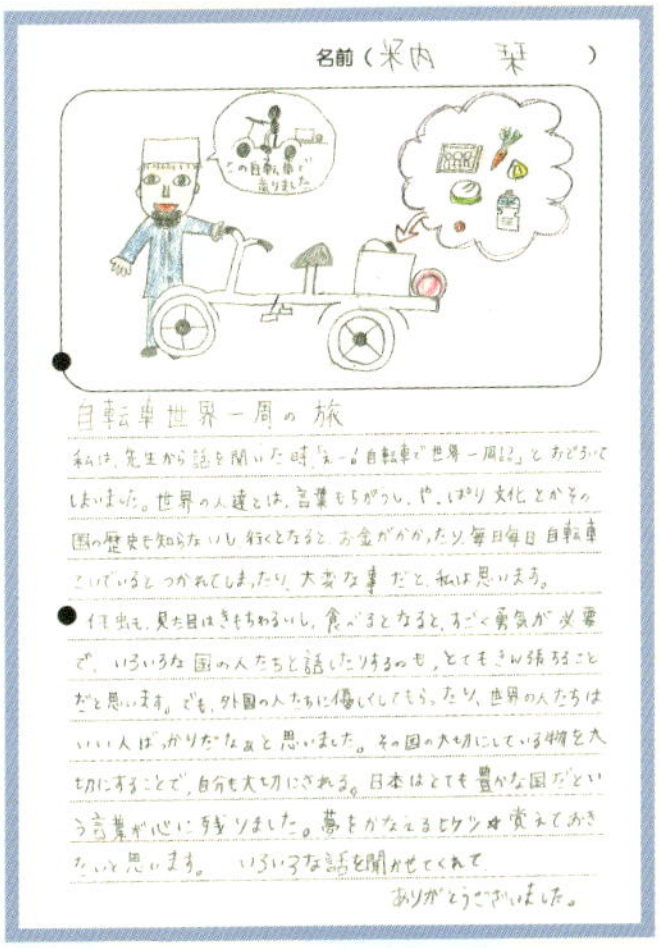
名前（米内　栞）
自転車世界一周の旅
私は、先生から話を聞いた時「えー！自転車で世界一周に」とおどろいてしまいました。世界の人達とは、言葉もちがうし、やっぱり文化とかその国の歴史も知らないし行くとなると、お金がかかったり毎日毎日自転車こいでいるとつかれてしまったり、大変な事だと、私は思います。
イモ虫も、見た目はきもちわるいし、食べるとなると、すごく勇気が必要で、いろいろな国の人たちと話したりするのも、とてもがん張ることだと思います。でも、外国の人たちに優しくしてもらったり、世界の人たちはいい人ばっかりだなあと思いました。その国の大切にしている物を大切にすることで、自分も大切にされる。日本はとても豊かな国だという言葉が心に残りました。夢をかなえるヒケツを覚えておきたいと思います。いろいろな話を聞かせてくれて
ありがとうございました。

I hope you enjoyed your Ride!!

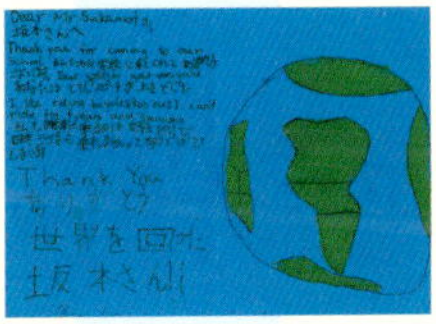
Thank You
ありがとう
世界を回った
坂本さん!

「夢の掛け橋」が与えてくれたこと

二〇〇二年十二月二十五日、約八カ月間にわたる「夢の掛け橋プロジェクト」が沖縄でゴールを迎えた。

プロジェクトは日本を南下するにつれて活気を帯び、ラジオ、ホームページやメールマガジンの力もあって、沖縄に到達するころにはたくさんの人たちと出会うことができた。嬉しいことに企画を通じて知り合った人たちが仲間になり、一緒にプロジェクトを盛り上げてくれたこともあった。自分のためだけでなく、誰かに対しても何かをしようとすると、たくさんの人が協力してくれるのだなぁと思う。当初六十回位の講演回数を考えていたが、終わってみると八十六回にもなっていた。またガイアシンフォニーの龍村仁監督とのトークイベントや、母校の小学校での講演が実現したのは、このプロジェクトのおかげだった。

日本縦断中は、とにかく講演予定に間に合わせるため、雨の日も風の日もペダルをこぎ続けた。走行中の食事は道路沿いの食堂かコンビニ弁当ですませ、時に不審がられながらも駅近くのビジネスホテルに泊まり、コインランドリーで洗濯をして、昼夜を問わず携帯にかかってくる講演の問い合わせに応じるといった感じだった。国道では何度もトラックに幅寄せされ、途中の岡山ではアラスカで痛めた左膝《ひざ》の激痛が再発した。それでも数え切れないほどの新しい出会いと懐かしい再会があり、四季のある美しい日本を自転車で走れたことを思うと、やはり実現できたことに対する感謝の念以外ない。

講演で子どもたちに、世界一周中に食べた芋虫《いもむし》や珍しい景色のスライドを紹介すると、「キャーッ!」「うわぁー!」と両手で口を押さえたり、頭を抱えたまま動かなくなったり、その反応の素直さにこちらが感動してしまった。僕が毎回楽しみにしている「世界一周の質問コーナー」では、「実家はどこですか?」「誕生日が来たらどうするの?」といった素朴な質問攻めにあう。まじめに答えても誰も聞いていないのは辛《つら》いが、みんな興奮して目をキラキラさせている。ある子どもの「大ろらの写真すごかった!」という感想文。空に大きく広がるから「オーロラ」ではなく「大ろら」と表現する感性に思わずうなってしまう。そして、「目の前の大人が夢を実現させたんだったら、僕も夢が叶うんだ!」と言い切る子どもたち。彼らはアフリカで出会った、毎日を一生懸命に生きぬく子どもたちと同じ目の輝きをしている。

沖縄の西原町立坂田小学校では、僕が「命を助けてくれたアフリカの人たちに恩返しの井戸を作りたい」と言ったところ、子どもたちが自主的に募金をしてくれ、なんと集まったお金は四万円近く。「どうぞお役立て下さい」と渡されて、本当に驚いた。しかもその全部が一円玉から五〇〇円玉の硬貨。みんな自分のお小遣いを持って来てくれていた。日本の子どもたちはトルコの子どもに決して負けていない。

このプロジェクトを通じて、「子どもより、まず大人がどう生きるか」を突きつけられたように思う。子どもは社会の鑑《かがみ》。だから大人が夢や目標を持ち、きちんと挨拶をし、お礼ができるお手本にならなくてはいけない。また人と比べて頭がいいとか、痩《や》せているとか、格好がいいとか、お金持ちだとか、そんなことで幸せになるのではないことも伝える必要があるだろう。

日本でも、自分の住む土地を愛し、家族や仕事に誇りを持つ大人たちは、「世界を回るなんて考えたこともないけど、君を泊めることはできる」と家にあげてくれ、家庭料理をご馳走《ちそう》してくれた。世界一周中と同じだった。農家の方は、「うちらみたいな田舎に世界を回った人が来てくれるなんてありがたい」とお世辞《せじ》を言ってくれるが、よそ者を歓迎し、地域の活動に参加する彼らを僕は心から敬う。こういう人たちが日本にいてくれるおかげで、僕は海外で温かく受け入れてもらうことができたのだ。

日本人は日本のいいところをたくさん知って、もっと日本に誇りを持ったらいいと思う。昨今、昔からあるような犯罪までもがあたかも近年勃発《ぼっぱつ》したかのようにメディアで報道されるが、惑わされてはいけない。確かに不穏な事件は増える様相を呈しているが、メディアの意図を理解し、物事の本質を見極め、責任を持って子どもたちに伝えていかなくてはならない。日本にも心底温かい人たちは大勢いる。悪いところばかり見ていたら、好きな人のことも嫌いになってしまうだろう。

この場をお借りして、講演会の実現に向けて実行委員会やプロジェクトを立ち上げてくれた日本各地のみなさんにお礼を申し上げたい。また僕の知らないところで、どれだけ多くの人が尽力してくれたことだろう。前著『やった。』もたくさんお買い上げいただいた。猛暑の中を一緒に走ってくれた大学生、手を振ってくれたトラック運転手、髭面《ひげづら》にヘルメットの僕を外国人

ギニアの衣装で講演中。子どもには「最初外国人と思ったら日本語喋るからびっくりした」と言われる

子どもたちと一緒に給食をいただくのも楽しいひと時だ／兵庫県

と間違えて「ハロー！」と挨拶した小学生、膝の痛みがくれたメッセージ、雲や太陽、長距離を走る日に吹いてくれた追い風、どこからともなく流れてくる音楽、忠告していただいた言葉、どれかひとつでも欠けていたら、こうしてゴールすることはできなかった。全国に散らばるミキハウスの社員が、忙しい合間を縫って食事会を開いてくれたのも嬉しかった。一方で、メールで講演の打ち合わせをしていたところ誤解が生じ、お互い傷ついた上に講演が実現しなくなるという取り返しのつかない失敗もしてしまったが、たくさんのことを学ばせてもらった。

プロジェクトを終えた今も、各地で出会った人たちとの付き合いは続いている。日本最北端を一緒に走ってくれた自転車チームからは、クラブの新しいTシャツが届き、白神山地で出会った浜松の元気なグループは毎年地元に講演会を誘致《ゆうち》してくれている。募金をしてくれた沖縄の坂田小学校へも講演から三年後に、井戸完成の報告に行くことができた。子どもたちは、「自分のお小遣いからちゃんと募金してがんばってよかった」「諦めないで続けることはすごいんだな、と思いました」と言ってくれ、とても感激した。すごいのはみんなだよ！

「夢の掛け橋プロジェクト」を通じてたくさんの人たちと知り合い、夢を共有することができたことが、いま財産となっている。そしてここではごく一部しかご紹介できなかったが、子どもたちに書いてもらった感想文やイラストは僕の宝物となり、絶えず勇気を与えてくれている。日本各地で夢を持つ子どもたちに出会い、夢をもらったのはこの自分自身だった。

本当にありがとうございました。

第三章　ギニア・井戸掘りプロジェクト　二〇〇三年七月〜二〇〇五年六月

「薬も不足しているが、まずきれいな水が欲しい」と意見が一致。井戸を掘ることになったドンゴル村

庶民の足「乗り合いタクシー」。この車に定員8人集まるまで出発しない。屋根に人が乗ることもある

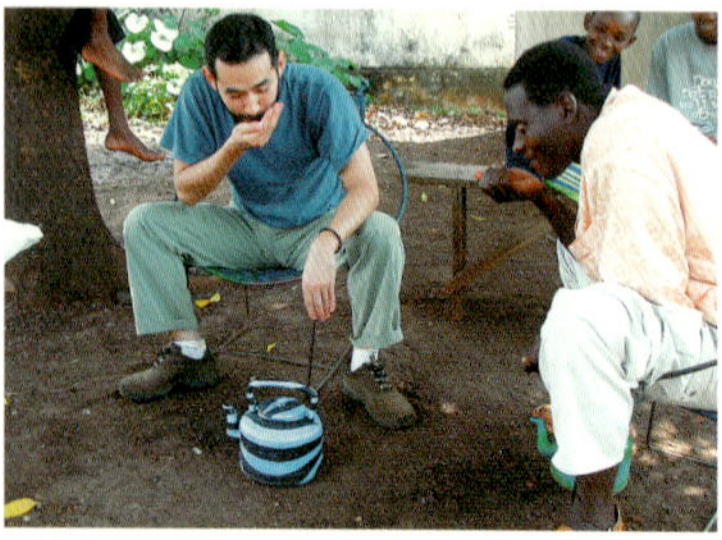

お祈り前のお清めの作法を教えてもらう。シェリフは1日に5回お祈りをする敬虔なイスラム教徒

現地の人たちの理解と協力は必要不可欠だった。マリ県イエンベレン郡の役場

地方都市では唯一の情報源となるラジオをシェリフと聞く。放送は部族語のプルとフランス語だ

ラベに住むシェリフの家族。後列右はシェリフのお母さん。「ギニアでは私がタチュのお母さんよ！」

伝いではなく自分たちの仕事だと思ってがんばっていた

井戸掘り職人と村人たちが井戸を掘る場所を慎重に決めていた

水脈があると思われる場所を選定！　最初の「ひと掘り」はその場にいた全員で

直径1.4メートルの穴を深さ15メートルまで、すべて手作業で掘り続けた……

大変な作業も楽しんでやってしまうのが彼らのすごいところ

水管理委員会と現場監督、井戸掘り職人の面々。みんな本当によくがんばった

石や岩を周りに敷き詰めて水はけを良くし、衛生的に使える工夫をした

井戸の完成後、しばらくはバケツに紐をつけて水を汲んでいた

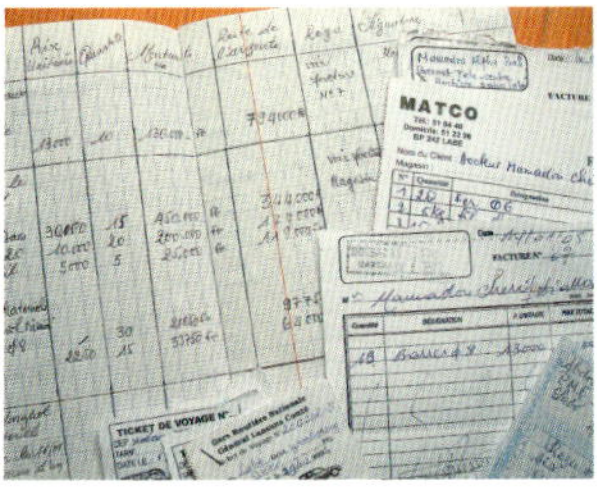

お金の管理はシェリフがきっちりと行った。領収書と出納帳

老若男女を問わずみんなが一生懸命働いた。子どもたちはお手

4回目の渡航で初めて目にした立派な井戸が下方に見える。本当に感激した！

手押しのポンプを設置中。右端の男はタクシーの運転手だがつい手伝ってしまう

て報われた。これで水が原因の病気が半減するはずだ

シェリフが「くす玉」の紐を引っ張って竣工式が始まった！　手前にいるのは現場監督のドラメ

竣工式で、たくさんの村人が見つめるなか手押しポンプの柄を上下させるドンゴル村の村長

いよいよテープカット！　後ろに張った白いテープ、実はシェリフの用意した古い包帯なのだ

女性たちが井戸のポンプから水が出る様子を固唾を飲んで見守った。国旗は現地で作った手作り

完成した井戸で水汲みをする女性たち。途中で投げ出しそうになったこともあったが、彼女たちの喜ぶ姿を見

仲良くなったシェリフの家の子どもたちと。頭にかぶっているのは「くす玉」に使った瓢箪の器

左手前が「村の若者を代表してお礼を言わせてください」と言いに来てくれた高校生

最初のドンゴル村訪問から2年かかって実現した井戸。村長やイマームなどみんなで完成を祝った

「井戸の実現に貢献してくれたすべての方々に感謝を込めて」と書かれたプレート。僕の現地名も……

自転車世界一周の途上・ギニアでの出来事　一九九六年七月

暑い……。それにしても暑い。この日は特に暑く、暗くなっても気温は下がらなかった。
市場の近くの商人宿に泊まってロウソクを立てようとしたが、何度ロウソクを固定しても、少し目を離すと倒れてしまう。変だと思ってジッと見ていると、暑さでロウソクがグニャリと曲がってしまい真っ直ぐに立たないのだ！　こんなことってあるのか……。そんなに暑いのか……。薄暗い部屋はさらに蒸し暑さが増した気がした。

この西アフリカ一帯ではマラリアで亡くなる人が多い。ハマダラカという蚊に刺されることで感染する伝染病だ。予防のため宿のベッドに蚊《か》帳《や》を張ろうとするが、蚊帳を引っ掛ける場所が無くてうまく張ることができない。ベッドが汚れているので、脱いだTシャツを広げてその上にパンツ一丁で横になる。それでも暑くて汗びっしょりだ。汗をかいて喉《のど》が渇くので水をガブガブ飲む。こんなにひどい夜は初めてだ。疲れ果てているのに、暑くて寝ることさえできない。寝返りを打とうにもベッドが汚く臭くて気持ち悪い……。刑務所のような鉄格子から見える星はキラキラと輝き、いつになっても朝はこない。惨《みじ》めだと思うとさらに惨めになった。

明け方に少し眠ることができたが、朝になっても疲れがとれずぐったりだ。しかし、ここでグズグズしているとすぐに陽が昇り、取り返しがつかなくなる。涼しいうちに行動しないと日中は暑くて動けない。早朝の一〇分は昼間の一時間に相当すると言ってもいすぎではないので、フラフラと出発の準備をする。現地の人はというと、みんな何事もなかったかのように元気に朝食の仕度をし、市場を掃除《そうじ》したり店の準備をしたりしている。これからまた暑くて長い一日が始まろうとしているとは、とても信じられない。自分は果たしてこの大陸を走り切ることができるのだろうかと、先が見えない不安を感じて気分は重たかった。

ギニアは事前に得ることができた情報が少なく、道路状況が悪く、国軍兵士の暴動後に一般犯罪が増加・凶悪化していると言われていたので心配だったが、入国してみるとこれまでの国と変わるところは無い。拍子抜けした。

脇道から出て来た女の子が僕を見て目をひん剥《む》いて「ヒイッ！」と叫び、全速力で逃げて行く。気の毒なほどビックリしていた。肌の色の違う人を見たことがないのだろう。頭にのっけた荷をその場に残して逃げる子もいる。それを見て大人たちが手を叩いて大笑いする。他の子どもは逃げる真似をしてからかう。その光景がおかしくてたまらない。

自転車での出会いは楽しいが、六十キロ以上走る日が五日間続き、疲れがたまっている。村人と話をして元気を出そうと思うのだが、出てこない。今日は無理せず走行を切り上げようと、昼飯をとった食堂で泊まれそうな所をたずねると、二十キロ先のカリヤ村に赤十字があるから、そこのシェリフ医師の所へ行け、と教えてくれた。道中、太陽が強烈なので日陰を探すが、木の陰はあまりにも小さくて休むことができない。一時間半ほど走って、ようやく道沿いに白っぽい平屋の建物が見えてきた。あれだ……。自転車を押して、道から外れる。

上半身裸で出て来たギニア人のシェリフは喜んで僕を迎えてくれ、汗でツルツルの手を握ってくれる。二十八という歳のわりに貫禄があるシェリフは、地域の医療全般をひとりで担っていた。溜めてあったバケツの水を浴びさせてくれ、子どもにバナナを買いに行かせ、もてなしてくれた。

「黒人も白人も同じ人間（アフリカでは日本人も白人になる）。僕らの国にいる間は、僕らが世話したいんだ」とわかりやすいフランス語で話してくれるので、ホッとする。

しばらく休んだ後、「少し村を見たいなぁ」と言うと、診療所に患者がいなかったのでシェリフが案内してくれることになった。僕には目にするものすべてが新鮮だ。同じ時代の同じ地球に生きながら、ここでは昔と何ひとつ変わらぬ方法で土の家を建て、マッチを使わず火をおこし、畑を耕し、米をつき、パチンコやワナで猟をして、毎日を暮らしている。そんな素朴な生活が営まれている光景に、感動を抑えることができない。白人の僕が村に入ってもシェリフが一緒なので、温かく受け入れてもらえる。

「イソマ！　タナームレ？（こんにちは！　元気ですか？）」

現地の部族語、マリンケで挨拶すると、村人の表情がパッと変わる。

食べ物は種類も量も少ないので、食べられるだけでなんでもおいしい。暮らしていけなければ、遠い親戚でも頼ることができる。みんなたくさんの兄弟がいて、助け合いながら生きている。年配者を敬い、ちゃんと面倒も見る。世界で最も貧しい地域にありながら、物乞《ものご》いがほとんどいないのは、昔からのこんな風習が残っているからだ。

物乞いがいれば、ボロを着た男や女が小銭を渡す。物があればみんなで分けて、とっておくことをしない。物がなければ工夫する。壊れたら直す。だから捨てることがない。使えなくなったタイヤやチューブは、サンダルやバケツ、ロープ、子どものおもちゃに変身する。バナナやマンゴの皮は、放し飼いのヤギ、牛、鳥などが食べてしまうので、ゴミも溜まらない。

「隣の村まで行こうか。近くだよ」

僕は疲れていたが、「近くなら」とシェリフの誘いにのって歩き始めた。途中で、シェリフの「もう着く」と僕の「もう着く」の感覚の違いに気づきながらも進んでしまった。遠かった。

五キロほど歩いただろうか、やっと隣村に着いた。村長に挨拶をしたが、僕は疲労と暑さで頭痛がしていた。まさかこんなに歩くとは思わず、水のボトルを置いてきてしまっていた。喉が渇くが生水を飲むことはできない。さらに悪いことに、自分で「限界が近づいている」と弱気になってしまっていた。

シェリフに遅れながら、気の遠くなるほど長い道のりをトボトボと帰った。診療所に戻ると彼はゴザを用意してくれ、外で横にならせてくれた。

「明日はダメだなぁ……」

僕は目を閉じながら、翌日はこの村で休養をとることを考えていた。

うとうとしていると急にあたりが騒がしくなった。何かと思ったら、真っ暗闇から懐中電灯で照らされた顔面血だらけの男が担ぎこまれて来た。頭と肩に大怪我《けが》をしている。猛スピードのバイクで転倒したという。それまで患者もおらず、のんびりしているからここが診療所であることを忘れていた。それまでの静けさは、実は単なる偶然にしか過ぎなかったことが後になってわかった。そこはきれいごとではすまされない、想像を絶する現場だった。

シェリフが怪我人を治療している間、村人が入れ替わり立ち替わり訪ねて来た。失礼とは思いつつ、僕はしんどかったので外のゴザで寝たフリをしていた。そして十一時頃だったろうか、そのまま眠りについた。長い一日だった。

翌日は日曜日。週に一度の青空市がある日で、村には活気があった。僕に向かって、「Ça va?（元気？）」と言って恥ずかしそうに両手で顔を覆い隠し、飛び跳ねる女の子たち。そして、「Ça va bien!（元気よ！）」と自分たちで答えておいて、仲間とキャッキャッと走って行ってしまった。習いたてのフランス語を喋《しゃべ》りたかったようだ。――本当にかわいい。乾いた村に黄色い声があがった。だけど、僕の調子は今ひとつだ。カメラを持って市場を歩き回ったけど、なかなかシャッターを切る気になれない。「大丈夫、大丈夫」と自己暗示をかける自分だった。

午後になると熱っぽく、起きているのが苦痛だったのでシェリフの所で横にならせてもらった。そしてここ数日間のことを思い返した。

「ちょっとオーバーペースだったかなぁ」

いつの間にか僕は眠りに落ちていた。日が傾きかけた頃、シェリフが戻って来た。

「女の子が産まれたよ！」

「あ、ほんと？　おめでとう」とは言ったものの、そうか、お産まで面倒みるのか、そうだよな……と今さらながら気づき、少し気が遠くなった。僕は自分の血で貧血を起こすほど血に弱く、今でも採血する時はベッドで横になっている。

少しして隣の部屋から、「ちょっと来てごらん」とシェリフの声がした。埃《ほこり》っぽい部屋のベッドに、三歳くらいの男の子が上半身裸になって寝ていた。横にはお母さんらしき女の人が突っ立っている。シェリフはお母さんに気を遣《つか》うでもなく、虫のように息をする子どものお腹を触りながら、「ここを触ってみろ」と言う。僕はお母さんを盗み見ながら恐る恐る触れてみた。殻《から》を剥いた「ゆで卵」のようだった。熱く乾いた肌から、熱がどんどん伝わってきた。

「マラリアだよ」

シェリフは平然と言う。

「大丈夫なの？」

「まだ早いから、薬で治る」と言ったかと思うと、お母さんにマリンケで何かを説明し始めた。

もうひとつの病室を覗《のぞ》くと大人が二人横たわっていた。彼らもマラリアだという。

外に出て診療所の日陰でシェリフと並んで座った。

「アフリカではマラリアや赤痢などで死ぬ人間がいちばん多いんだ」とシェリフは言った。

「だけど手当てが早いと助かるんだろ」

僕は万が一、自分が病気になった時のことを不安に思って確かめてみる。

「ちゃんと早いうちに薬を飲めばな。だけど、親がすぐに子どもを連れて来なかったり、薬が十分に買えなかったりすることも多いんだ。ヨーロッパや日本がもっと薬を送ってくれないとダメなんだよ」

シェリフは続けるけど、僕には返す言葉がない。毎日「命」に直面している人間を前に、思いつきのことを言う勇気も何かを提案する知識もない。僕は斜め前でグッタリと地面に座っている女の子に視線を向けた。十五、六歳だろうか。シェリフはその子を見つめながら言った。

「あの子は昨日まで動けなかったのに、今日は自分で動いている。あの子もマラリアだった。でももう大丈夫だ。な、薬が必要なんだ」

自分に言い聞かせているようだった。そういえば昨日、僕はこの女の子が外のゴザで寝ているのを見ていた。本当にみんな死と隣りあわせで暮らしているんだ。日本では病気になれば病院があるし、薬も手に入る。きれいな飲み水もある。僕はたまたま日本という豊かな国に生まれたことを、ある意味うしろめたく思っていた。

再びシェリフの寝室で横になっていると、今度は鼓膜《こまく》が破れそうなほど大きく泣き叫ぶ声が聞こえて一気に目が覚めた。そっと診察室を覗くと、怪我をして膝《ひざ》から血を流した五歳くらいの男の子が机の上で大人三人に押さえつけられている。シェリフは五センチ程パックリと口を開けた傷口を、針と糸で縫っているところだった。

その男の子が泣きやんだ頃、子どもを押さえていた男の抜歯が始まった。麻酔を打っていたのにはホッとしたが、シェリフは男を木の椅子に座らせると、自分は机に座り、さっきまでドアの鍵を修理していたでかいペンチを男の口へ突っ込んだ。見ているだけで自分の歯が顎《あご》ごと引き抜かれているように苦しかったが、ようやく抜歯は済んだ。いちばん大変な思いをしたのはどう考えても、見ていた自分だった。

僕は変わらず熱っぽく気分もすぐれないので、まずいな……とは思っていたが、日没頃ひどい下痢が始まった。今日は食欲もなかったし悪寒《おかん》がしていたので、普通の下痢ではない気がした。そしてわずか一時間で、熱が一気に三十九・五度まで上がった。発汗が始まり、悪寒が続いた。今までにない症状だった。遂に僕のところにも来たようだ……。

――マラリアだ。

隣の診察室のシェリフに様子を伝えると、やはりマラリアだと言う。悪寒は三十分ほど続いた。ありったけの毛布を被ったが、体が骨から震えて仕方ない。おさまったかと思うと、今度はダラダラと汗が流れ始めた。どんどん力が抜けていく。

夜中、熱はさらに上がり、四十度を越した。下痢はタレ流し状態になり、フラフラと這《は》うようにして外の掘ったトイレへ通う。時々襲ってくる吐き気とめまいに耐えられず、その行き帰りにうずくまった。そしてさらに耳まで聞こえにくくなったのには驚いた。一生このままだったらと考えると、隣で寝ているシェリフに耳のことを聞くのさえ恐ろしかった。

「え？　え？　え？　え？」

シェリフの言っていることが聞きとれない！　でもどうやらそれは薬の副作用で一時的なものだというのがわかり、安心した。

地面に掘ったトイレの穴には、おいしい餌を求めて様々な虫が集まっている。アフリカの虫はどれもこれもデカい。体長七、八センチはある重たそうなゴキブリがウヨウヨしている。それ以外にも、体当たりして来る巨大バエや見たこともない虫がうごめいていた。ライトでトイレの壁を照らすと、信じられないことにマラリアを媒介《ばいかい》する蚊が等間隔でビッシリと！　これにはさすがに寒気が走りまくり、声も出なかった。壁なんか見なきゃよかった。そして極《きわ》めつけに、なんとタマを蚊に刺された。ショックだった。

いつ見ても冴え冴えとした月の位置が変わらないほど頻繁に、苦痛と恐怖のトイレに通った。そのたびに体力も一緒に流れていき、明け方には立ち上がるのさえ困難な状態に。ライトでは確かめられなかった便を朝になってから見ると、鮮血が混ざっていた。頭のてっぺんまで鳥肌が立って冷や汗が出た。

――マズイ、赤痢だ。併発してしまった。これは長引くかもしれない。

シェリフは「注射を打とう」と言ってきた。現地の医者なので、信頼して打ってもらった。日中は熱が三十八・五度まで下がったが、寝ていると顔、肩、そして後頭部にかけて異常に汗をかき、枕がびっしょりになる。

「サバ・パセ、サバ・パセ（大丈夫、すぐ良くなるよ）」というシェリフの言葉に、僕はどれだけ励まされたことか。落ち着いて考えてみると、発病したのが医者の所とは、本当に運に味方されていた。噂《うわさ》を聞いた村人がお見舞いにきてくれる。おばあちゃんはマリンケで話しかけながら、手を握りしめ、腕をさすってくれた。手のぬくもりが何よりありがたかった。陽気なおばちゃんたちの笑顔、豪快な笑い声、男たちの「大丈夫、すぐ治るよ」という目。子どもは、ドアの隙間や窓から心配そうに様子を見てくれていた。

この一帯の食事は、米にピーナツや肉の「ソース」をかけるのが主流。油っこいので普段はコーラで流し込んで食べていたけれど、この村にはコーラがない。食欲がないのでオレンジやマンゴが食べたかったが、あるのはバナナとアボガドぐらいだった。無いものは無いのだから仕方がない。食事を作ってくれる近くのおばちゃんに、「日本では病気の時はお粥《かゆ》を食べるんだ」なんて話したら、翌日、本物のお粥を鍋《なべ》にいっぱい作ってきてくれた。飛び起きるほどびっくりして、ギニアでも食べるのかと聞くと、「似たようなものはあるけど、こんなのは初めて。特別にこしらえた」と言う。母が携帯用に持たせてくれた梅干と白いお粥を食べながら、涙が止まらなかった。お粥も嬉しかったが、お粥にこめられた想いが何より嬉しくて、僕は大声をあげて思いっきり泣きたかった。

暗くなる頃、再びマラリア原虫が血液の中を流れ始め、熱が上がるのがわかった。急いで飲み水や薬、体温計、タオル、ライトなどを手の届く辺りに集め、ふーっ！と横になる。四十度もの熱になると、動こうにも動けないからだ。

「アスピリンは飲んだか？」

シェリフが心配そうに覗きこみ、蚊帳を張ってくれた。

丸三日経っても、滝のような下痢と血便が止まらない。昼夜を問わず、目が覚めると枕がびっしょりと汗で濡れている。こんな汗のかき方したかなあ、と心配になる。

シェリフはずっと手持ちの薬を飲ませてくれていた。残り少ない薬のストックを見ながら、「マラリアの注射はどれ？」と聞くと、「ないよ」と言う。「えっ？　じゃあどうやって僕を治したの？」と聞き返すと、「タツに打ったのが最後だった」と言う。僕は一瞬、訳がわからなかった。最後の薬？　もしその薬がなかったら？　村人がマラリアになったら？　シェリフは朝晩三日間、当たり前のように注射をしてくれていたが、村の最後のアンプルを僕のために使ってくれていたなんて……。本当に申し訳なかった。

シェリフや近所の人たちの献身的な看病のおかげで、僕は少しずつ外に出たり、冗談を言ったりすることができるようになった。

夜、熱が三十七度に下がり、ホッとする。薬が効いてくれている。しかし四日目になってもまだ下痢がおさまらない。栄養があまりとれていないので、回復も遅い。太陽の下に出るとクラッとして、体力が無くなっていることに驚く。太ももの筋肉もすっかり衰えてしまった。ちゃんと回復する日はくるのだろうか。村から先へと続く、あの丘を越えられる日はくるのだろうか。スタートして七カ月で世界一周も終わりかな……。日本のみんなは何をしているだろう。まさかこんなところで病気しているとは思っていないだろうなあ……。日本のご飯が食べたい！バランスがとれていて、食欲もわくあの食卓！　くーっ、日本へ帰りたい。ついに会社の同期が日本食をトレーにのせて運んで来てくれる夢まで見るようになった。ヨーロッパで日本人旅行者にもらった葛湯《くずゆ》をコッソリ作っていると、シェリフがやって来て、「日本が恋しーんだろー、こんなもの食べて！」と茶化す。そう、その通り、その通りなのだよ！

シェリフは人の気持ちがよく分かるし、自分の感情を素直に表現することもできる。子どもに返ったと思ったら、年配者にもしっかり意見するし、女の前では「男」になってみたりする。彼は翌日、二十キロ離れた大きな村に用事があるから欲しいものを言え、と言ってきた。葛湯なんか作っていたから、気を遣ってくれているのだろうか。僕は喜んで、卵、チーズ、オレンジ、マンゴ、いわしの缶詰、コーラなどを頼んだ。母親に甘える心境だ。

六日目、だいぶ気分がいい。下痢は続くが、腹痛がなくなった。外に出て、自分で洗濯をする。それまでは、シェリフがクソのついたパンツから何から全部洗ってくれていた。

彼は元気が出るように、そしてここの思い出にと、村のミシン屋でギニアの服をオーダーしてくれていた。どこまで優しい奴なんだ。いったい自分は何が返せるのだろうか。

七日目、ついに便が一日一回になった！　人生二回目の赤痢だが、ちゃんとしたクソが出てくることにものすごく感動する。まわりのみんなに「ちゃんとしたクソが出た！　最高！」と言って回りたい気分だった。薬は飲み続けた。

そろそろ出発しないと、ギニアのビザが切れてしまう。コートジボアールとの国境まであと六〇〇キロある。うち後半の二五〇キロはジャングルで未舗装《ほそう》、おまけに西アフリカで最も高いニンバ山（一七五二メートル）の脇を通らなければならない。村人は、「そんなところまで行くのか？」と首を横に振りながら真剣に心配してくれる。クソと共に抜けて行った体力を、早く回復させなくては。もし明日も下痢がおさまっていたら、明後日に出発しよう。少しずつでも走らないと回復もしない。

できるだけ暑さに慣れようと村を出歩く。村人とも仲良くなった。道路沿いの食堂のおばちゃんはフランス語が話せないので、いつもマリンケでベラベラと話しかけてくれた。僕は質問されているのか、何か教えてもらっているのか、責められているのかサッパリわからなかったが、いつも陽気に声をかけてくれた。こうして普通に接してもらえるのが一番嬉しい。

贈られたニワトリを手に、カリア村の村長と（ギニア）

マラリアと赤痢を治療してくれたシェリフの診療所（ギニア）

八日目の朝、下痢。一気に気分が落ち込む。これだけ薬を飲み続けても治らないとは、よっぽど抵抗力も弱っているんだ。明日出発できるだろうか。次の村へと続く坂道が壁のように思える。シェリフはもっとゆっくりしていけ、と言ってくれるが……。

不足している薬を分けてもらい、最後の洗濯も済ませ、出発の準備をする。部屋の隅に置かせてもらっていた自転車は、天井《てんじょう》から落ちてくるネズミの糞《ふん》と埃を被り、すっかりやる気を失っていた。自転車整備と旅支度を終え、シェリフにお金を渡そうとした。治療費、薬代、宿泊費、食事代、そして感謝の気持ち。しかし彼は、「俺の国にいる間は、俺たちが面倒を見ると言ったただろう。金の問題じゃないんだ。それにお前は友だちだ。友だちから金はもらえない」と、頑として受け取らない。僕は、二歳しか違わない彼の人格に圧倒された。

九日目、早朝、いよいよ出発だ。イスラム教徒のシェリフは、いつもより早く起きてお祈りも済ませていた。お互いいつもより口数が少ないのが辛《つら》い。喉を通らない朝食を一緒にとり、重たい自転車を道路まで押して行く。ようやく遠くから陽が昇り始めた。

「シェリフ、ありがとう」

「オーケー、ボンヌ・ルゥト！（良い旅を！）」

命を助けてくれたシェリフと固い握手を交わした。自分はこの男のおかげで今、生きているのだ。シェリフは僕の手を握ったまま続けた。

「俺たちはタツみたいに旅をすることができない。だからこれからも俺たちの代わりに旅を続けて世界を見てきてくれ。そしてたまに手紙を送ってくれたら嬉しい」

「うん、手紙で様子を知らせるよ」

「また戻って来ていいからな」

「うん、ありがとう」

言いたいことはいっぱいあるのに、僕は他に言葉が見つからず、ただ「ありがとう」を繰り返した。シェリフの優しさが別れを一層寂しいものにした。

走り出して振り返ると、お粥を作ってくれたおばちゃんや一緒に遊んだ子どもたちが道路に姿を現していた。もう一度、村に戻ろうという思いがふくらんだが、悲しくなるだけだ。前に進まなくてはならない。その思いを断ち切った。そのかわり、思いきり手を振った。シェリフをはじめ、みんなが手を振り返し、こっちを見つめてくれている。この村人たちが僕を救ってくれたのだ。僕はそれから振り返ることができずに、とてつもなく急に思えた村はずれの坂をふらつきながら登り続けた。もうみんなと二度と会えないかもしれないのが信じられなかった。僕はみんなから返しきれないほどの恩を受け、人が人として生きていく上で本当に大切なことを学ばせてもらった。まずは自分が前に進み、この夢を達成させることで恩を返そうと思った。

僕はペダルをこぎ続けた。自転車にまたがり旅を続けることができる感動が、自分を勇気づける。それまで自転車に乗れることが当たり前だと思っていたが、決してそうではなかった。そして、自分ひとりでは何もできないことを確信する。出会ったひとりひとりのお陰で、いま僕は生きている。そして、強く思った。

「人間は生きているのではない。生かされているのだ」と。

旅の命の恩人たちへ

前著『やった。』のあとがきを書きながら、ひとつ決めたことがある。世界各地で受けてきた返しきれないほどの恩恵を、そのことを記した本の印税を使って返していこうと。

世界一周中に無数の人に助けられたが、まず誰に、と思ったとき最初に頭に浮かんだのはギニアのシェリフだった。死の淵《ふち》にいた僕を残っていた最後の薬で救ってくれ、血便のついたパンツを洗うなど身の回りの世話までしてくれた彼と、親身になって看病してくれた村人たちが必要としていることの手助けができれば、と思った。

とは言っても、そんなことができるのか、どうやればいいのか。情報もネットワークも何も無い。会社から四年以上も有給休暇をもらっておきながら、「今度はギニアに行きます」なんて言えたもんじゃない……。

しかし、こうしてまた新たなチャレンジが始まった。いや、始まってしまった。まだ執筆中の原稿が手を離れておらず、ゆえに出版すらされていない本の印税をあてにしたプロジェクト。果たしてどれだけ本が売れるかも、どれだけ時間がかかるかもわからない企画だが、「なんとかなる」と思っていた。二〇〇〇年十二月、世界一周から帰国してちょうど一年後に心に描いた夢だった。

第一回目渡航・プロジェクト決定　二〇〇三年七月

ギニアでの「恩返しプロジェクト」を決めたものの、仕事、時間、情報、技術、予算、現地との連絡、オペレーション、業者と契約を交わすとなれば専門的なフランス語などクリアすべきことが山積していた。マラリアと赤痢に倒れた国を再訪するのだから、病気の心配もある。どこから手をつけたらいいのかわからない。自分はどのくらいの大きさの山を相手にしようとしているのかすら、わからない状態だ。

でも、動き出せば何かわかってくるだろうし、状況は変わってくるはずだ。目的を持って動いていれば、思わぬところから情報が入ってきたり、助けが現れたりしたじゃないか！

今回も世界一周と同じく、会社の仲間が笑顔で支えてくれていたことが大きな安心感となり、励みとなった。自分の役割を知り、自分を信じてできることをやっていくだけだ。とにかく動き始めた。

情報収集はインターネットも駆使したが、ＪＩＣＡ、ＮＧＯ、友人知人、世界一周中にお世話になった方々を頼りに、時間をかけてできるだけ直接お会いしてうかがうことにした。ネット上で情報は得られるが、本当に大切なことについて「顔が見えない人の情報」を信用する気にはなれないし、人的ネットワークは広がらない。それに情報だけで何かしようとしてもひとりの力では限界があるのを世界一周で学んでいた。

僕に戒《いまし》めのお手紙を下さったシャルトル聖パウロ修道女会の末吉さんにも、カメルーンからの一時帰国中にタイミング良く再会できた。末吉さんは僕が新しいプロジェクトに取り組んでいるのを喜んで下さり、現地で活動するためのとっておきのノウハウ——特にお金に関する注意点など——を下さった。誰かひとりに会うとその人の知り合いを紹介していただくことになり、たくさんのアフリカ関係・援助関係の方のアドバイスをもらうことができた。およそ二年をかけたこの準備で、知れば知るほど多くなる課題に頭を抱えながらも、あとは現地入りするしかない、というところまで来た。アドバイスの中で特に心に残ったのは、地に足をつけて世界で活躍するある方があれこれ案ずる僕にくれた、「言葉やお金の問題よりも、ご自分がどれだけの時間を現地で割《さ》けるか、ということではないでしょうか」という核心を突いた言葉だった。もう腹は決まった。現地へ行くしかない！

援助については、こちらの思い込みで「何かをやってあげて」自己満足にひたってはならない。何をどうするかという答えは現場にしかないので、二〇〇三年七月、約二週間かけてギニアへ渡った。ありがたいことに、その間の仕事は同期でもある上司の八木下が融通《ゆうづう》を利《き》かせてくれる。やっかみも聞こえてきそうだったが、彼がうまく守ってくれた。僕は改めてこのあり得ない環境に、心から感謝するのだった。

ここに至るまでに『やった。』の発刊からすでに二年半。前年「夢の掛け橋プロジェクト」をやったこともあり、そのおかげで『やった。』はこの時点で七刷りになっていた。

一方でシェリフには、ギニアへ会いに行くということと、お世話になったみんなに何か力になれることがあればさせてもらいたい、という内容の手紙を渡航の三カ月ほど前に送った。手紙が行方不明になることもあり得るので、念のために同じ内容の手紙を一週間後にも送っておいた。すると驚いたことに、一カ月ほどして首都コナクリにいる彼の友人を通じてメールが届いた。

「タツ、連絡ありがとう。家族のみんなは元気か？　ギニア到着の日時を教えてくれ。迎えに行く。コナクリの友人の電話番号は……」

すげぇ、やった！　こんな簡単に連絡がとれるとは思ってもみなかった。ギニアからメールが届くなんて！　最初は見慣れないメールアドレスだったので、迷惑メールかと思って削除《さくじょ》するところだった。連絡がとれないまま現地へ行っても会えない可能性も十分あると思っていたが、本当に会うことができそうだ。ギニアに手紙が届いただけでも幸運に思えるので、こうして連絡がとれるだけですごく感動してしまう。一気に準備に気合いが入った。

日本からギニアまでは、パリで一泊して翌朝のフライトで現地に向かうことになるが、パリまでの飛行機代を安く上げるためにウズベキスタン航空を使った。ウズベキスタン経由で安いのは良かったが、ギニアまで合計三十時間近く飛行機に座っている羽目になり、移動だけでヘトヘトになってしまった。安く快適に行こうなんて無理だ。なんでも完璧《かんぺき》にしようとする悪いところが出てしまっている。今回のプロジェクトでは、著書の印税は現地の案件のみに使うことにし、飛行機代や宿泊費、ビザ、予防接種、通信費などはすべて自分で負担することにした。勤務先からも金銭的な支援は受けず、「ひとりＮＧＯ」プロジェクトとして行うことにした。

そして二〇〇三年七月十四日、たくさんの人のアドバイスと助けを得て、ついに再び「命の恩人」がいる国、ギニアの土を踏むことができた。

空港から街までの道はところどころ穴が開いているので、車はガタガタガタガタ、ボコッと音を立てながら進む。四十万キロも六十万キロも走ってボロボロになった車にミラーやワイパーがないのは当然、窓ガラスがなかったり、タイヤがツルツルで中のコードが見えていたりしても元気に走っている。木片を車の一部にして修理された車も少なくない。道路沿いにはバラックのような住居が雑然と並ぶ。アフリカ独特の開放感、そして蒸し暑い匂いと埃っぽい空気を吸い込むと、「とうとうやって来た！」という感じで武者震いがした。

さて、シェリフには会えるだろうか。

待ち合わせは、コナクリの中心にあるレバノン人が経営するパン屋の前。物乞いが多いのが気になったが、今はそれどころではない。七年前に僕を救ってくれた命の恩人に再会するのだ。僕が緊張して待っていると、シェリフはきれいにアイロンをあてた白いシャツを着て約束より少し早く現れた。メールを送ってくれたバルデというコナクリの友人も一緒だった。

おお、シェリフ！　シェリフだ！

何ひとつ変わらぬ真っ黒い肌と大きな目。いい顔をしている。お互い緊張しながらぎこちないハグで再会を祝った。やった！　でもこんなに簡単に会えるのがどうしても信じられない。話し始めるとシェリフは、「よかったら田舎の家族に会ってくれ。あそこへ行こう、ここはどうだ」と、相変わらずホスピタリティーの固まりのような男に戻り、僕を安心させてくれた。日本を発ってからの長い緊張が一気に解けた。

シェリフは四〇〇キロ以上離れた村から、休暇を取ってわざわざ僕を迎えに来てくれたという。しかしよく聞くと、そこは僕が倒れたカリヤ村からさらに一二〇キロ奥の村で、一年半前に転勤になったという。それじゃあプロジェクトはどうなるんだ……と思ったが、今は再会できたこと以上に何を望もう。それにしても三カ月前に出した僕の手紙が、引越し先の診療所まで届いたのはラッキーだった。これからいろいろ大変なことはあるだろうが、きっとうまくいく、というサインの気がした。

マラリアと赤痢に倒れた僕を看病をしてくれたカリヤ村の人たちに、車を乗り継いで会いに行った。貴重なニワトリを差し入れてくれた村長は相変わらずの貫禄で迎えてくれ、集まって来た子どもたちはみんな面影を残して大きくなっている。元気よく飛び跳ねるように踊っていた女の子は、すっかり少女になっていた。七年ぶりの再会である。

僕を見つけるといつも走って挨拶に来てくれたおじちゃん、いつも掃除をしてくれたお手伝いのおばちゃん。みんなが僕を覚えていてくれるのが嬉しい。中でもお粥を作ってくれたおばちゃん、ビンタとの再会は感激で涙が止まらなかった。生きて再会することができて本当に嬉しかった。見返りを期待せずに助けてくれたあの人たちが、いま、目の前で笑っているのだ。シェリフは心配するが、やっぱり泣けて止まらない。僕はこの人たちに助けられたんだ……。

少し落ち着いて辺りを見渡すと、雨期ということもあって、米、とうもろこし、タロイモなどが青々と茂る自然の豊かさに気がついた。あらためて「人間は自分の力だけで生きているんじゃない、生かされているんだ」という感覚を肌で感じる。

今回、みんなに喜んでもらおうと思って当時の写真を持って行った。その中に十二、三人が一緒に写っているものがあったのだが、それを見せるとショッキングな言葉が返ってきた。「この子と、この子と、この子はすでに病気で亡くなった」というのである。当時はみんなでゲラゲラ笑って遊んでいたのに！　隣のテマカ村でもニワトリをくれた男がいたのだが、彼は僕が到着する二カ月前にやはり病気で亡くなったという。助けてくれた人たちにお礼を言いに戻って来たら、もうその人たちはいないという現実。もう、いないのである。生と死があまりに近くにあるこの変え難い現実に、日本とのギャップを感じずにはいられない。みんな紙一重《かみひとえ》、ぎりぎりのところで生きているからこそ、ここまで親切になれるのかもしれない。

当時、村の薬で治療をしてもらったので、コナクリで購入してきたマラリア治療薬、アスピリン、寄生虫下しの薬を一〇〇〇錠ずつお返しした。小分けにして村人に配っていると、噂を聞きつけた病人たちが集まって来る。中には皮膚がただれて患部にハエがたかっているボロを着た男もいた。子どもたちはその患者を見て逃げる。エイズ患者もいる。現実は本当に苦しい。何をすることもできない自分の無力さが恨めしい。

突然の訪問にもかかわらず用意してくれたご馳走《ちそう》をお腹いっぱいにいただくと、今度は村長はじめみんなが僕のためにイスラムのお祈りを捧げてくれた。「アッラー・アクバル……」。ずいぶん長い時間に思えた。

村長が最後に、「はるばる日本から来てくれて、薬までありがとう。お礼に何をすればいいかね？」と聞くので、僕は「ご馳走になり、お祈りまでしていただいたし、これ以上何もいりません。僕はお礼を言いに来たんです」と答えると、「そうか、わかった。ところで今、タツが日本でたくさん仕事ができるように祈ったから、次はお金を貯めて俺をメッカに連れて行ってくれ」と返された。イスラム教の聖地メッカへ巡礼に行きたいと言うのだ。一瞬この感覚に笑いそうになったが、彼らは大まじめである。僕は笑顔で「インシャアッラー（アッラーの思し召しのままに）」と答えた。

ビンタの姿が見えなくなったと思ったら、道の向こうからニワトリを逆さに吊って走って来た。「これ、持って帰りなさい」。お礼に来たのにまた貴重なニワトリ、それも大きな一羽をいただいてしまった。自分たちはどうするんだろう。ここの人たちは借金をしてでも何かを持って帰ってもらいたいと思うのだろうか。またひとつ忘れられない出来事となった。

シェリフと二人になったタイミングを見計らってプロジェクトのことをもちかけると、僕が倒れたカリヤ村には外国の援助による立派な深井戸が二本できていることもあり、「シェリフのお父さんの村」でやるのはどうかと提案された。彼のお父さんも立派なお医者さんだったが、残念なことに一九七〇年に交通事故で亡くなってしまったという。父を誇りに思うシェリフは、父親の生まれ故郷の人たちに喜んでもらいたい、という思いもあるのだろう。山岳地にあるその村には、井戸も病院も学校もないという。医者としての立場からも、彼はこの村に井戸を作りたいと言った。

カリヤ村の人たちには申し訳なかったが、僕らはギニア北部にある、シェリフのお父さんの生まれたドンゴル村に行くことにした。シェリフの家族に会うのも楽しみだった。

シェリフの家族が住むラベという地方都市までの約二七〇キロを、庶民《しょみん》の足であるオンボロ「乗り合いタクシー」を乗り継いで移動する。五人乗りの乗用車に七～八人集まるまで永遠に出発しないが、屋根には荷物だけでなく、人、バイク、羊、ニワトリなどなんでも運んでくれる。床に穴が空いて地面が見えていたり、シートはボロボロでスプリングが飛び出していたりするのもあってなかなかユニークだ。「お、クッションがいいな」なんて思っていると、シートを住《すみ》処《か》とするダニに腰のあたりを一面やられる、なんてこともあった。一度、雨期の激しいスコールにあった時、天井の穴や窓の隙間から雨水がジャンジャン流れ込んできた。車内でレインコートを着たり、傘をさしたりしなくてはならないなんて日本では考えられないが、本当の滝のように雨水が入ってくる様は、驚きを越えて途中から笑えてきた。と言うか、日本で体験できないことをさせてもらっている、と考えないとやっていけない。ギニアの人だってそりゃ濡れない方がいいに決まっている。文句を言ったところで敵ができるだけで、濡れなくなるわけじゃない。

丸一日がかりでシェリフの実家に着くと、家族みんなが集まって来た。子どもたちをいれると二十人はいるだろうか。ひとりずつ紹介されたが、すでに暗いうえに電気も無いので顔もわからないし難しい名前ばかりでさっぱり覚えられない。後で教えてもらったところ、同じ敷地にある二つの家に子ども十九人、大人二十一人が住んでいるという。出稼《でかせ》ぎに行ったり首都に勉強に行ったりして常時十人位は不在だそうだが、それにしても大家族だ。ちなみにシェリフのお父さんは、三人の奥さんとの間に十九人の子どもがいて、そのうちのひとりがシェリフだそうだ。うーん、びっくり。

夜は家の中でシェリフと二人、ロウソクの明かりでご馳走をいただく。山盛りのフォニオに、ニワトリ一羽分の肉がごっそり入ったソースがかかっている。フォニオはイネ科の穀物《こくもつ》で、客に敬意を払うもてなしを意味するそうだ。そして普段は口にしていないであろう、コーラまで用意してくれていた。すごいご馳走だ！ さりげなく、そして温かく歓迎してくれていた。

ギニア滞在の日数が限られているので、翌日さらにボロい乗り合いタクシーで奥地のドンゴル村へ向かった。未舗装の道を土埃にまみれながらゴトゴトと二時間、最後は徒歩で二時間半、野を越え山を越えてやっとの思いでドンゴル村に到着した。正直、「とんでもないところに来てしまった！ こりゃ、井戸掘りプロジェクトどころではない……」と思った。

田舎へ行けば行くほど村人たちの警戒心は強くなる。ドンゴル村には初めて外国人を見るという人もいるようで、みんなとても緊張していた。シェリフが僕のことを一から紹介してくれるが、完全には信用してもらえていない空気が伝わってくる。

まもなく村長やモスクの礼拝導師イマームなど、村の主要メンバー十五人ぐらいが集まり、シェリフを中心としてプロジェクトについての話し合いが始まった。みんな部族語のプルで話すので（カリヤ村はマリンケ）よく理解できないが、これまでの村の出来事を例に挙げながら真剣に話を進めているようだった。村では就学率が極端に低いので、村民の一～二割の人、それも男しかフランス語を話さない。

三十分以上話し合ってから、シェリフが僕に説明を始めた。

「村では薬も不足しているが、とにかくきれいな飲み水を得るための井戸が欲しいそうだ。今はバケツ一杯の水を、一時間かけて谷まで汲みに行っている。その川は病原菌や寄生虫、家畜《かちく》によって汚染されるため風土病の温床となることもある。乾期には全く雨が降らず、特に三月が最も厳しい状態だと言っている。……タツ、どうだ」

村人たちは押し黙って僕に注目している。僕は言葉を選びながら答えた。

「うん、わかった。だけど、ひとつだけ条件があるんだ。もし井戸が実現した場合、維持管理は村人が自主的に行う、というものだ」

「オーケー、わかった」

「それじゃあ、今みんながここに集まっているので『水管理委員会』になる五人を決めてほしい。委員長、副委員長兼書記、会計、修理担当、そして衛生担当だ」

「それなら村長に決めてもらおう」ということで、村長がすぐにその場で五人を選出した。衛生担当、つまり掃除係には井戸を頻繁に使う女性を任命したあたり、とてもいいと思った。

みんな、水管理委員会のことがあまりよくわかっていない気がしたが、話し合いは終わったので、最後にいつものように全員でお祈りを捧げた。しかしこのプロジェクト、こんなので本当に実現するのだろうか、というのが正直な感想だ。誰にも、なんにも響いていない。

現地に井戸や病院、学校などを作ること自体は簡単だ。援助の世界では言い尽くされていることだが、大切なのはその運営や維持管理が現地の人にできるか、ということである。僕も人づくり、組織づくりから始めることにしたのだが……。一筋縄《ひとすじなわ》ではいかないようだ。

あとになってよく聞くと、村では過去に四回も井戸の設置計画があったが、調査だけで計画倒ればかりだったそうだ。なるほど、そういうこともあって僕のことも信用しないという雰囲《ふんい》気《き》があったのだ。そうか、それなら「さすがシェリフの友だち！」と言われるようなプロジェクトを実現させ、信頼関係を築くチャンスではないか。村人のほとんどが、「シェリフとヒゲの日本人のおかげで村に井戸ができる！」と喜んでくれているのだから、やってみよう！

こうしてプロジェクトは井戸を掘ることに決まったが、井戸のことはわからないし、コンサルタントに頼むお金もない。早速シェリフと、井戸を管理しているところや業者を回って情報を集め始めた。僕らはコナクリに戻り、より安全で安定した水の供給のために海外の援助で作られるような立派な「深井戸」を作ろうと、市内にあるドイツ、ロシア、中国などの井戸掘削《くっさく》会社を回った。予算、工期、保証、メンテナンス、水が出なかった場合の支払方法など検討すべき問題は多岐《たき》にわたった。旅行と違って専門的な言葉も必要だし、帰国の日も迫っていたので、日本で仕事をしている以上に忙しかった

今回思いのほか苦労したのは、プロジェクトの主旨を当事者たちに伝えることだった。僕のフランス語と伝達能力に限界があり、シェリフにもなかなか理解してもらえず、「必要なことがあれば支援する」が、「必要なことがあれば、プレゼントする」のように受け取られてしまった

ことだ。コナクリで井戸掘削業者の情報収集をする際、まずいことに僕が率先して動いたため、シェリフを傍観者にさせてしまっていた。このやり方では、「何かやってもらえる」と思われても仕方がない。また外国からの援助を受けている国では、どうしても「何かしてもらえるのを待つ」という傾向がある。結局この「誤解」を解くのに、最後まで時間と労力を費やすこととなってしまった。

帰国までにプロジェクトの責任者を決めたかったが、シェリフはドンゴル村から四七〇キロも離れた診療所にいるので不可能だった。村長にお願いできればベストだったが、誤解があるまま託すこともできない。現地の人にお金を預けることは、「その人がどんなに信用できる人であれ、やめた方がいい」と、相談にのってくれた人みんなに言われていたこともあった。どんなに親切な人間でも、お金を目の前にすると人格が変わると言うのだ。これは日本人だって同じだ。信用していないわけではないが、つらいところだ。

緊張の連続だったギニアの視察は反省することばかりだったが、心配していたマラリアにもかからず、シェリフや彼の家族、助けてくれた村人たちにも会うことができたし、プロジェクトの場所と井戸掘りも決まったので満足だった。すべてシェリフのおかげだ。

また、このような個人的な活動に対して、立場上関心がないはずの方々を含めて、本当にたくさんのご協力をいただけたのに感激した。このような出会いが、「プロジェクトを実現させよう」と思う、強いエネルギーになっている。途中で起こる出来事すべてを楽しめるようになるにはもう少し時間がかかりそうだが、続けていけそうな手ごたえはあった。

帰国後、相談に乗ってもらった方々に視察の成果を報告したところ、「順調に目的を果たせた様子で何よりでした。坂本さんならば、問題なく仕上げられることでしょう」という言葉をいただき、本当に実現するような気がしてきた。誰かの言葉で一喜一憂するようではまだまだだとわかっていても、実際はこんな自分である。

第二回目渡航・プロジェクト変更　二〇〇三年十一月～十二月

二〇〇三年十月。

「こんな珍しい話はなかなかないので、なんでも聞いて下さい。大歓迎です」

日本で入手できるギニア関連の情報はとても限られているのだが、なんと現地で日本政府の井戸掘り援助のコンサルティングをしている会社が東京にあることを知った。連絡を取ると、仕事にならない話にもかかわらず会ってくれることに。僕は喜び勇んでドンゴル村の写真と地形がわかる地図を持って大阪から飛んで行った。どんなことでもいいので井戸掘りに関する情報が欲しかった。彼らとはプロジェクトの場所が違うし、いきなり現地で何かをお願いすることはできないが、コナクリで回った掘削業者について何かアドバイスがもらえるかもしれない。

しかし、「う～ん、この一帯は山岳地だから、場所をうまく選定しても水の出る確率は五十パーセント」と、過去の詳細な掘削データをもとに言われてショックを受ける。専門家に「見るからに出そうもないですね」とまで言われると、さっきまで希望を持って見ていた村の風景も水が出なさそうに見えてくる。「ただ、これが一〇〇パーセント出ないと言い切れないのが井戸掘りの難しさですけどね」と言われるとまた希望が湧いてくる。まったく他人に頼りっきりの自分が嫌になる。その他、地質、掘削方法、ポンプなどあらかじめ用意して下さっていた貴重な情報や、村人たちとの付き合いについてのアドバイスまでいただいた。さらに思いもかけず現地の役人まで（！）紹介していただくことができた。時間を割いて下さった永沼氏には、その後もことあるたびに相談にのってもらっている。現場の人たちは情報の大切さを身を持って知っているだけに、本当に親切だ。また、彼らに僕のプロジェクトに興味を持ってもらい、励ましてもらったことが、現地の情報と同じぐらい嬉しかった。

ところで井戸掘りと言うのは、地下一〇〇メートル近く掘るために一二〇万円払っても、水が出なければそれで終わりである。永沼氏に言われたように固い岩盤にぶち当たって断念しなくてはならないこともあれば、水脈にあたらないこともある。一二〇万円といえば、いったい何冊分の印税だろうか。本を買って協力して下さった方々の想いをなんとしてでも形にしたいし、なんとかしてシェリフに報いたい。よりによって難しい村を選んでしまった、と思ったが、それはすなわち他の場所に比べてさらに井戸を必要としているということである。村人のみんなの気持ちがひとつになれば、なんとかなるだろう。

二回目となる今回のギニア訪問では、深井戸ではなく手掘りの浅井戸を作る可能性も含めて現地で案件を再検討しなくてはならない。プロジェクトの責任者も決めなくてはならないし、井戸を掘ってくれるパートナーも見つけておきたい。ギニアでは予想外のことが起きて時間ばかりかかるので、ある程度日数を確保したかったが、仕事の都合でわずか十日間の渡航となってしまった。プロジェクトが進めば何か見えてくると思っていたが、まだまだ何も見えてこない。

焦《あせ》る僕に、「なんとかしようとしなくても、なんとかなるよ」と、励ましてくれる同僚に後押しされ、イスラム教のラマダン（断食月《だんじき》）と大統領選挙の合間を縫ってギニアへ飛んだ。

コナクリの空港から市内へは、自力でタクシーを拾った。空港では、すきあらば外国人から金をせしめてやろうという男たちが、ポーター、タクシーの客引き、闇両替と手を変えながら次々と迫ってくる。すべて笑顔でかわして外にいたタクシーの運転手に直接料金交渉。二度目のコナクリなので相場もわかるし、現地通貨を持っているので、強気に値切ることができた。しかし治安はいつ急変しているかわからないので、市内に着くまではタクシーのドアをロックし、窓を閉め、カメラバッグは外から見えないように足元に隠した。窓を閉めているので暑くて汗が流れてくる。

翌日シェリフと合流し、東京のコンサルティング会社で教えてもらった井戸の情報を持ってドンゴル村入りしようとしたところ、途中の村で国家水源整備局（井戸の管理機関）のティアムという男と奇跡的に合流した。彼はこの地域にある井戸を見るために巡回中だったのだが、たまたま同じ日に同じ場所に居合わせるなんて、なんというタイミング！　僕は鳥肌が立ちまくりながらも冷静に、なんとかドンゴル村に同行してもらえないかをシェリフに頼んでもらった。これを逃したら、素人《しろうと》の僕らには詳しい調査のしようがない。するとティアムは快諾《かいだく》して、村に同行してくれることになった。「役に立てるのなら」、と動いてくれる誇り高い男だ。出会ったところからドンゴル村までわずか八キロというのも幸運だった。このような偶然の出会いが、物事を大きく展開させることが実に多い。ティアムの厚意に応えるためにも井戸を成功させたい。彼によるとやはり地質的に掘削機を使う深井戸は難しそうなので、ここでは成功率の高い手掘りの浅井戸（二十メートル前後）にしてはどうか、というアドバイスを受けた。

こちらの勝手な思い込みで「せっかくだから上等の井戸を」なんて自己満足はいけない。現場の意見が最優先だ。それに、大型掘削機であっという間にできてしまう深井戸よりも、時間がかかっても住民参加で作る浅井戸の方がオーナーシップの意識が強くなるので、今後の維持管理の面では絶対に都合が良い。さらに浅井戸はメンテナンスが簡単という利点がある。村人と話し合い、深井戸をやめて手掘りの浅井戸を作ることになった。すでに四つの業者から深井戸の見積もりをもらっていたが、シェリフも「深井戸分のお金を使って失敗したら、ばかばかしい」と、計画変更に前向きだ。予算も三分の一から四分の一に抑えられそうだ。

浅井戸は平均二カ月で完成するという。僕らは村長と水管理委員会に、完成までの約二カ月間、村民による作業協力と、職人二人が滞在する場所と食事を村が負担する必要があると伝えると、村長は「当然だ」と言った。よかった！　村人は村での仕事があるはずなのに、やっぱり水は本当に必要なんだ。少しずつ先が見えてきて嬉しくなる。

水管理委員会の面々に、改めて井戸の維持管理費の村民負担について確認をしたが、やはりあまりピンときていないようだった。まだ信頼関係が築けていないのが原因だろう。人のせいにするのは良くないと知りながら、ついつい「シェリフがもう少し積極的になってくれたら……」と思ってしまう。僕が前に出すぎてもいけないので難しい。

村からシェリフの家に戻る途中、ドンゴル村があるイエンベレン郡の役人のところへ井戸設置計画書を持って挨拶に行った。こっちの人はマイペースで仕事をするので、半日待たされたり、何度も足を運ばされたりするのは当たり前。しかし、ここで労力を惜しんではいけない。他人の土地で何かをしようとしたら、それがどんなに現地の人に役立つことであれ、まずしっかり責任者に挨拶しておかなくてはならない。ギニアでの仕事イコール忍耐、といっても過言ではない。でも、忍耐することで仕事ができると思えば楽なものである。

この日、僕たちはシェリフの家があるラベまでの八十キロを残して、帰る足が無くなってしまった。日没が迫っているにもかかわらず泊まるあての無い村でシェリフと途方に暮れていると、なんとこれからラベに戻るピックアップ・トラックがあると、村人が走って教えに来てくれた。「よかった！」。僕たちは顔を見合わせて「アッラー・アクバル！（アッラーの神は偉大なり）」と急に元気になった。僕は蚊帳を持ってきていなかったので、この夜はハマダラカに刺されるかもしれない……と気分も暗くなっていたのだ。

そして、さらに驚くべきことは、そのピックアップのギニア人運転手はドンゴル村よりも奥の村でドイツのプロジェクトによる井戸の掘削を行っている現場監督だったのだ。僕たちは道中、浅井戸と深井戸のメリット・デメリット、地域の地質、掘削方法、細かな問題点、オペレーション、実際のコスト、工期など、現場の人しか知り得ない、まさに喉から手が出るほど欲しかった情報ばかりを入手することができたのである。

ピックアップは薄暗いヘッドライトで真っ暗な山道を照らしながら、ガタガタと走り続ける。揺られながら僕は、いつも必要な時に現れてくれる、この「サムシング・グレート」に感謝を繰り返した。「なんとかなる、なんとかなる」そう思い続けた。夜の急激な冷え込みと土埃混じりの隙間風《すきまかぜ》に凍《こご》えて鼻水が止まらなかったが、やはり、生かされている感覚に感謝せずにはいられなかった。

滞在中、イスラム教徒が八十五パーセントといわれるこの国で、宗教への理解が欠かせないと痛感した出来事があった。

これまで見よう見まねで彼らのお祈りの真似をしたことはあったが、今回初めて、手、顔、耳、鼻の穴、頭、足などを水で清めるところからきちんと習ったのだ。コーランも少し覚えて、みんなと一緒にお祈りした。するとお祈りの間、とても心地よい穏やかな時間が流れていることに気がついた。祈っていると、プロジェクトや家族、会社など身近なことだけでなく、世界各地で起きている災害の復興や安全、世界の平和についても、自然と思いを巡らすことができる。あわただしい日本の生活で、一日に五回も周りの人や環境に感謝し、地球上で起こっている様々なことに思いを馳《は》せるような、こんなに穏やかな気持ちになる瞬間はあっただろうか。本当に豊かなのは、こうして素直に他人を思いやる気持ちを持つことではないだろうか。井戸掘りをしに来て、そんなことを教えられている気がする。

お祈りが終わると、みんなに「ありがとう」と言われて、ハッとした。一緒にお祈りをしただけで、みんなの態度がそれまでと違うのだ。さっきまで興味なさそうにしていた男が「君が一緒に祈ってくれることを、世界中のイスラム教徒が祝福している」と、固い握手を求めてくる。通りがかりの人は優しい笑みを浮かべ、子どもたちは素直な表情でこっちを見ている。みんなが喜んでくれているのだ。僕は嬉しくなり、後日お祈りのための小冊子《しょうさっし》を露店で購入してしまった。最初からこうしておけば、このプロジェクトも確実にそしてもっと早く進んでいたかもしれない。

どの国でも、相手の大切にしているものを尊重することで、自分が受け入れられていくことを実感する。挨拶にしても、現地の言葉で挨拶するだけで、それまでつっけんどんだったおばちゃんが乗り合いタクシーの席を詰めてくれたり、マンゴを分けてくれたりする。食事をいただく時には、「ビスミッラーヒ・ラフマーニル・ラヒーム」（慈悲《じひ》あまねく慈愛深きアッラーの御名において）と言うと、みんなニッコリしてくれ、食事もさらにおいしく、さらにありがたく感じられた。

そんなこともあってか、シェリフは僕に、「ママドゥ・ムフタール・タツ・ジャロ」という名前をくれた。「ママドゥ・ムフタール」はシェリフのいちばん上のお兄さんと同じ名前だという。「ジャロ」は、シェリフ一族の名前。それ以来、みんなは僕のことを普通に「ママドゥ・ムフタール」と呼ぶようになった。僕はこれまで本名の「タツ」で呼ばれる方がいいと思っていたが、実際現地名で呼ばれてみると、なんだかとても具合がいい。もっとも、それまで本名といってもギニアでは「タチュ」と言われていたのだが……。

こうして一週間ほど地方に滞在し、乗り合いタクシーで十時間かけて日没直前に首都コナクリに戻って来た。ふと窓から外に目をやると、ところどころ家や街灯に電気が点《つ》いているのに感動する。地方の村では電気がない生活が当たり前で、電気の存在すら忘れていた。宿ではシャワーを浴びながら、水が上から落ちてくるのに感動する。村ではバケツ一杯の水を、石鹸《せっけん》箱のふたですくいながら浴びていた。日本から来ると何もかも不足しているように思えたコナクリも、村から戻るとなんでも手に入る大都会に思える。

帰国の日、シェリフが空港まで見送ってくれる。医者である彼を待つ患者がたくさんいるはずなので、少しでも早く戻ってあげて欲しかったが、彼は「タツの飛行機が離陸するまでは帰らない」と譲らない。僕らは飛行機の出発時刻まで、プロジェクトのこと、家族のこと、お祈りのこと、これからのことなど、いろいろと話し合った。

日本は平均寿命が八十歳を越えている一方で、年間三万人以上の自殺者がいることを伝えると、シェリフはショックを受けてしまった。自分の国には薬不足のために生きることができない人がたくさんいるのに、日本にはそれだけ多くの自殺者がいるのか……と。また、どんなに貧しくても親戚を頼って暮らすことができるギニアから見ると、日本にホームレスがいることも考えられないというように首を横に振っていた。ギニアに来て本当にいろいろなことを考えさせられる。

別れ際、ドンゴル村の子どもたちが、「大きくなったらシェリフのようなお医者さんになりたい」と言っていたことをシェリフに伝えた。彼は照れくさそうな顔をしたが、すぐに医者の顔になり、「そうだ、この国には医者も病院も薬も不足しているんだ」と言った。そんな子どもたちのためにも、このプロジェクトをなんとか実現させたい。

第三回目渡航・プロジェクトスタート　二〇〇四年十二月

ギニアの滞在が一週間ではほとんど何も進まないという反省から、今回は現地二週間の予定で渡航。前回の訪問からちょうど一年が経っている。

村長と村人たちの同意のもとで浅井戸を掘ることが決まったものの、責任者がいないので実現の見通しが立っていない。プロジェクトがうまく進むように、日本では仕事の合間に神社に行ってお祓《はら》いをしてもらったり、良い業者に出会えるように「出会いを導く石」を身につけたり、地中の水脈を当てるためダウジングの練習をしたり、体力づくりや予防接種のほかにも思いつくことはなんでもやった。もともと占いなどはあまり信じないのだが、イメージトレーニングや「信じる」という力には底知れぬものがあると近年特に思うので、いろいろやってみた。

シェリフは、メールができるコナクリの友人バルデを通じて伝言を受け取ってくれ、空港まで迎えに来てくれていた。シェリフは立派なお医者さんだが、家には電話がなく、実家には手紙の届く住所さえない。それでもどんなに距離が離れていても不思議と連絡を取り合うことができる。概してアフリカ全般にこういったクチコミ・ネットワークができあがっている。今は電話による伝言も多いが、電話がない村では誰かがコナクリまで行くとなると、その噂が瞬時に広がり、手紙や伝言をその人に託してコナクリの知人に伝えてもらうのだ。今回もこうしたクチコミ・ネットワークで、シェリフは四五〇キロ離れたラベから仕事を休んで迎えに来てくれた。えっ、ラベから来たって？　今、実家のラベにいるの？

驚いたことに、昨年まで遠く離れた森の診療所で働いていたはずのシェリフが、「病気をした母親の近くにいてあげたい」という理由から公務員としての仕事を辞めて、ラベに戻っていた。信じられないタイミングだ！

確かに彼は以前から「ラベに帰りたい」と言っていたっけ。ラベからドンゴル村まで約九十キロ。早朝にラベを出て乗り合いタクシーを乗り継げば、なんとか日帰りが可能な距離だ。シェリフが井戸掘りのオペレーションをすることができる。これはうまくいくかもしれない！　でも壁はあった。彼がプロジェクトに本腰を入れずに、待ちの姿勢でいることだった。

シェリフは実家の近くで知人の医者と私設の診療所を始めていた。小さな診療所に電気はもちろん水さえなく、トタン屋根の隙間からは常に砂埃が舞い込む状態。それでもシェリフを慕う大勢の患者で診療所はいつも朝から混んでいた。隣には彼の薬局があり、思ったよりたくさん薬の箱が並んでいる。が、いくつかの箱を手に取ってみると、ほとんどが空……。

「シェリフはお金が無い人にはタダで薬をあげている」と、彼の弟に聞かされた。最初の数日間は気がつかなかったのだが、夜になるとシェリフは薬局に戻って薬棚の後ろの一畳も無い隙間で寝ていた。真夜中の泥棒から、わずかな薬を守るためだった。本当にギリギリの仕事をしているんだ。

再度ラベで浅井戸を掘れる業者を探すが、事情を説明してもなかなか取り合ってくれなかったり、外国人である僕がいるために足元を見られ、高い値段を吹っかけられたりして埒《らち》が明かない。頼みの綱《つな》である前回出会った国家水源整備局のティアムに相談しに行くと、「最近は物価も上昇しているし、この値段じゃないと俺はやらない」と、さらに法外な値段を示された。早くも行き詰ってしまった。

やっぱり、いくら外国人がイスラム教のお祈りを覚えてがんばったところで、できることは知れている。ボランティアでやっていると言っても、彼らにしてみればお金を持っている相手に変わりはない。くたびれて家に戻り落ち込んでいると、何か考え込んでいたシェリフが急に立ち上がってこう言った。いつもと違う気迫があった。

「タツ、僕がすべてのオペレーションをする。もう井戸のことだけでタツは三回もギニアに来てくれているし、ドンゴルはオヤジの村だ。技術者を雇い、労働には村人を参加させる。セメント、砂、鉄筋は安く仕入れて、砂利《じゃり》は子どもたちに近くで集めさせる。維持管理は前回決めた村の水管理委員会にすべて任せる」と、いつになく熱く早口で語りだした。体にも力がみなぎっているように見える。シェリフ！　まさかと思うのもおかしいが、本当だった。その後、彼が何度も「タツが日本から大金をはたいて三回も来てくれているんだから、俺たちがなんとかしなくてはいけない」と家族や知人に話しているのを耳にした。目の前がパッと明るくなるとはこういうことか。本当に嬉しい。

シェリフは「タツが交渉すると、日本人だから値段をふっかけられる」と言い、彼はひとりでPMUという小さな会社の、ドラメという現場監督と井戸掘り職人二人を探してきた。

ドラメに会ってみると、昼間から酒臭く無愛想《ぶあいそ》なうえにほとんど目を合わせないし、見積もりや工期を聞いてもいいかげん。金色の時計をしていることまで怪《あや》しく見えてきて、「この男で大丈夫か？」と思ったが、言葉を飲み込んだ。シェリフのやり方を尊重しなくてはならない。僕はフランス語で契約書を作り、井戸の詳細、工期、値段、支払方法などに加え、乾期の終わりの五月に十分な水量があることを確認してから最後の支払いをする、という条件を伝えると、ドラメは「こんなもの、うまくいかない時はそれまでだよ」と言わんばかりだったが、あっさりサインに応じてくれた。僕もサインをしながら、このように不確定なことばかりの国では、彼のようにアバウトな方が適しているのかもしれないよな、と思った。最初僕はドラメのことを信用していなかったが、やり取りをしていくうちに、彼はまったく取り繕うことをしない、非常にまじめで素朴な職人であることがわかった。今まで勘を頼りにしてきたつもりだが、実は先入観で見ていた。本当に良くない。そして結局このプロジェクトは、ボランティア精神旺《おう》盛《せい》な彼のおかげで順調に進んだのだった。

ラベでの準備は電話がないので連絡はすべて足で回らなくてはならず、せっかく資材屋やトラックのドライバーを訪ねても不在ということも多かった。日本的な仕事の進め方は通用しないので彼らとの仕事のやり方に頭を悩ますが、やりながら修正していくしかない。

井戸作りに必要なセメント、鉄筋、砂などを仕入れ、トラックの手配をして、いざドンゴル村へ出発！と思っても、そう簡単にいかないのがギニア。約束の朝、いつまで待ってもトラックが来ない。シェリフがドライバーを探しに行くと、ドライバーはより支払いのいい別の仕事に行ってしまったというのである。でも僕はもう、これぐらいのことでは驚かない。これも彼らに言わせると「アッラーの神の思し召し」なので、仕方なくシェリフ、ドラメ、井戸掘り職人二人と僕の五人でドンゴル村へ乗り合いタクシーで先に入った。

村に着くと一年ぶりの懐かしい面々が迎えてくれ、水管理委員会が待ってましたと言わんばかりに集まってきて、それまでの準備の報告をしてくれた。会計担当は「井戸管理のための積立金は既に予定額以上集まった。着工時に捧げるヤギとお米の用意もできている」と自信満々に言うではないか。ヤギとお米は聞き間違いかと思ったが、字を書くことができる会計担当の青年は、家族ごとに集めた集金ノートと輪ゴムでとめた現金の束を見せてくれた。さらに井戸掘り職人二人分の食事代まで別に集めていた。うぉー！　すげぇー！　聞き間違いだと思ったヤギとお米は、工事を始める際に行う地鎮祭《じちんさい》のような儀式に必要なものだった。

僕は感動で鳥肌が立ち、声を出して喜んだ。みんな本気になっていた。現金収入がほとんど無いこの村で、どうやってこんなにお金を集めたのだろう。想像するだけで涙が出てくる。やはり水は命なのだ。これまでの井戸設置計画はひとつも実らなかったというから、その期待度も高いのだろう。みんなのやる気が何より嬉しかった。

掘削場所は水が出る可能性が高いところをと、少し谷のようになった所に決まった。場所を選定する際、「大きな木が三本以上生えているところは水脈がある」とも言われた。なるほどなぁ。

二〇〇四年十二月十七日、午前九時、いよいよ着工の時が来た。

いつものようにお祈りが始まった。村人たちは「アッラーのおかげで井戸ができる!」「アッラーによる歴史的な出来事だ!」「アッラーの神は偉大なり!」と祈っている。僕は、「ん？井戸はアッラーではなくて、『やった。』を買ってくれた人たちのおかげだぞ」と思ったが、考えてみると、それだけでプロジェクトが進むはずはなかった。彼らと一緒に祈っていると、僕が再度ギニアの土地に導かれたこと、シェリフがラベに戻って井戸掘りに立ち上がったこと、無事故でドンゴルまで到着したこと、情報を提供してくれた人たちがいたこと、村人が本気になってお金を集めたことなど、すべてが揃わなければこの瞬間は迎えられなかった。すなわち、人間の意志や力を超えた大きな存在に素直に感謝することができるのだった。これが彼らにとってアッラーであり、僕が自転車世界一周中から感じている不可能を可能にする大いなる意思、サムシング・グレートなのかもしれない。

掘削はすべて手作業で行われた。職人の持って来た荷物はスコップひとつと小さなバッグだけだったので、スコップだけでいったいどうやって掘るのかと疑問に思っていた。すると彼らはバッグから鉄製のツルハシの頭を取り出し、近くにあった木を小さな斧《おの》で勝手に切って体裁《ていさい》を整《ととの》えたと思ったら、見事にツルハシの柄にしてしまった。柄は現地調達、あっという間の出来事だった。こんなことに感動してしまう。結局、彼らが井戸を掘るのに使う道具はツルハシひとつとスコップひとつだけだった。

職人たちは素手でツルハシを握り、岩盤のように硬い地面を黙々と掘り始めた。ツルハシが立てる乾いた音で、その固さが容易に想像できる。気が遠くなるとはこのことだ。ど根性がいる仕事である。

村人も代わる代わる手伝いながら、根気のいる共同作業が始まった。初日は夕方五時まで掘り続けて、直径一・四メートルの穴で深さ七十センチまで。これを二十メートルまで掘ろうと言うのだから、まったく信じられない。翌日も朝八時から夕方五時まで、職人と村人は本当によく働いている。村の女性たちは朝から一時間かけて谷まで水を汲みに行き、薪《まき》を集め、山盛りのお昼ご飯を現場まで運んでくれた。村では週に一度しか肉を口にすることはできないはずなのに、量は少ないが毎日ニワトリやヤギの肉が出てきた。この気持ちが嬉しい。僕らは一日の仕事を終えると、女性や子どもたちが汲んで来てくれた貴重なバケツの水で体を洗い、大きな木の下で温かいご飯をみんなで囲んでいただく。そして小さな焚《た》き火をしながらポツポツ語り合い、電気など一切ない静かな村で寝転がって星を数えて、九時ごろには寝床につくのだった。日本とは対極にあるこんな生活が体験できることに深く感謝していた。

セメントや鉄筋など資材の到着がさらに一日遅れたが、ここではなるようにしかならない。日本ではせっかちな自分がなんとも思わなくなっていた。結局二日遅れでやって来たトラックのドライバーは、憎《にく》めないニコニコ笑顔で「家族が病気になったから遅れた」とだけ、ひとこと。謝らない。でも家族が病気じゃ仕方がない。興味本位でなぜ二日遅れたのか聞くと、「もう一日は、前輪がパンクしたから交換していた」という。トラックの前輪を見ると、確かに真新しいタイヤがついていた。「自分はまったく悪くない。タイヤが悪い」、と言わんばかりだが、質がいいとは言えないタイヤで重荷を積んでこの悪路を走るのだから、資材が届いただけでもありがたいと思わなくてはいけない。やっぱり仕方ないと思えてくる。彼らのペースに慣れると何でもスムーズに動き始めた。結局、村には四日間滞在し、その後の作業に関してはシェリフとドラメに任せることができた。

トラックの到着が遅れたおかげで村での滞在日数が延び、村のみんなと仲良くなることができた。職人たちは「オハヨ～」「アリガト」「コンバンワ」と挨拶し、「ハラヘッタ」「カタイッ！」と言いながら地面を掘って、「オイシイ」と言ってご飯を食べた。子どもたちは、村にあるマンゴ、オレンジ、とうもろこし、オクラ、ニワトリ、牛、ヤギ、塩などを部族語であるプルで教えてくれた。女性たちは一日中食事の準備をしているので、目の前にある食材を子どもに教えられたとおりに言ってみると、みんな「そう、そう！」と喜んだ。

何をするにも人の協力と支えが必要だが、結局このコミュニケーション、つまり信頼がすべてであると実感した。トラックが遅れて本当によかった。プロジェクトを成功させようと契約書の作成など自分なりに一生懸命やってきたつもりだったが、紙切れよりも大切なのは人間関係であり信頼関係であった。そんな当たり前のことに今更ながら気づかされる。

はじめは自分だけの想いだったが、シェリフを通じて村人たちに少しずつ気持ちが広がった。自分の力でやろうとしていた時は何もできない無力さを目の当たりにしたが、みんなの想いがひとつになるとすべて前向きに動いた。また、その時は無駄に思えることも、積み重ねていけばいつかそれが力となり、また何かのきっかけとなって想像以上のことが展開し、目標が実現に向かうこともあるのだと思った。たくさんのことを教えてくれている、すべてのものに「ありがとう」という気持ちでいっぱいだ。

僕はシェリフと半年後の再会を約束して、三回目の渡航から無事帰国した。

第四回目渡航・井戸完成！ 二〇〇五年五月〜六月

二〇〇五年一月十日、ミキハウス会社説明会の日。その一報は突然だった。六本木ヒルズ四十九階の控え室で携帯電話がブルブルッと震えた。ギニアにいる富田大使夫人、百合子さんからだった。

「坂本さん？　ついに井戸から水が出始めましたよ！」

「えっ、井戸ですか？」

ギニアから携帯に電話がかかってくるなんて、予想もしていなかったので驚いた。

「そうよ、シェリフさんの井戸から水が出たんですよ！」

「えーっ、本当ですか？　で、で、出たんですか？」

「そうよ、水が出たのよ！　私も主人も大喜びです」

どうして大使夫人から電話がかかってきたのかすぐには理解できなかったが、とにかく水が出たことが嬉しくてたまらない。

電話を切って、「うおぉ〜、井戸から水が出たって〜！」と両手を挙げて叫んでいると、同僚も「まじで？　やった！」「やりましたね、達さん！」と手を叩きながら一緒に喜んでくれる。こうして一緒に喜びを共有してくれる仲間がいるのは幸せだ。六本木の高層ビルで、水が出たニュースを聞くのも妙な感じだったが、新年早々すばらしいニュースだ！

富田大使ご夫妻は以前から僕たちのプロジェクトに興味を示されていて、シェリフと共に大使公邸に招待していただいたこともあった。これまでもメールやお手紙で励まされていたので、今回も携帯に速報を下さったようだった。おそらくシェリフが大使に連絡を入れたに違いない。お二人が水が出たのを我がことのように喜んで下さったのも嬉しかった。

水が出始めたからといって、井戸として使える十分な水量が確保できるかどうかはわからないが、村人や職人たちのがんばりと嬉しそうな顔が目に浮かぶ。一刻でも早く現地に飛んで感動を分かち合い、みんなをねぎらいたい。

ギニアへの渡航はいよいよ四回目を数える。五月下旬、乾期が終わるこの時期は地中の水量が最も減っているため、井戸に十分な水があるかを確認しなくてはならない。もし十分水量があれば、手押しのポンプを設置してプロジェクトを完成させたい。

実は今回の渡航はひとりではない。縁とはすごいもので、高校から大学まで一緒だった親友の種光康が、活動の様子をビデオ撮影してくれることになった。彼は三年前までテレビ局でディレクターをしていたが、フリーになってからは僕の活動を記録するなど応援してくれている。飛行機代だけで二十五万円もするのに、すべて自腹で、撮影機材は持ち出し、テープやバッテリーなどもすべて自己負担である。彼は撮影で場数を踏んでいるだけありフットワークが軽く、初めて会う人とのコミュニケーションも上手。僕はドンゴル村にビデオカメラが入ることによる村人への悪影響を心配していたが、彼はカメラマンではなく、プロジェクトのパートナーとして動いてくれたので逆に何度も助けられることになった。それにしても彼がカメラの仕事をしていること、このタイミングで三週間近く仕事を空《あ》けてくれたこと、アフリカは初めてというのに僕がマラリアと赤痢に倒れた国に同行してくれたこと、十年以上途絶えていた交流が少し前に復活したことなど、どれをとっても幸運としか思えなかった。

コナクリの空港に降り立つと、さっそく種がイミグレーションで別室に連れて行かれ、露骨に賄賂《わいろ》を要求されている。ギニアが初めてだからかフランス語があまりできないからか、イエローカードを見て「髄膜炎《ずいまくえん》の予防接種をしていない」と言いがかりをつけられている。髄膜炎の予防接種は入国に際して不要なのだが、何か言いがかりをつけて小銭を稼ごうとする。「ギニア人としてプライドはどこへいったのだ」と思うが、悪いところばかり見ていても事態は悪化するだけだ。僕は「彼、黄熱病の接種をしているから問題ないよね！」と言って種のイエローカードとパスポートを笑顔で受け取り、なんとか切り抜けた。だが、これはまだ第一関門に過ぎなかったことを後になって知る。

べったりとした汗をかきながら預けていた荷物を受けとると、今度は税関に止められた。意地悪そうな女の係員が僕の荷物の中にカラフルなオモチャのボールを見つけ、「これはもらっておく」と平然とズボンのポケットに突っ込み、「行ってよし」と言う。

「え、えぇ〜、それはないだろう。それは子どもたちへのお土産なんだ」

「私にも子どもがいるわ！」

「本当にラベにいる友人と約束したんだよ。子どもたちが悲しむから返してよ。えーと、ミンコ・ママドゥ・ムフタール・ジャロ（僕の名前はママドゥ・ムフタール・ジャロです）」と苦し紛れに知っている部族語プルを話すと、運がいいことにその女はラベ出身のプル族だった。女は突然、豪快に笑い出すと、「お前はプルの名前を持ってるの？　アーッハッハッ！　この日本人、ママドゥ・ムフタールだってさぁ！」と、手をバチバチ叩きながら隣にいる税関の男たちに説明し始めた。「アッハハッ、次来る時には私にもお土産《みやげ》忘れないでよっ」と笑いながらボールを投げてよこした。ふーっ、イミグレーションと税関を抜けるだけでひと仕事だ。今まで数え切れないほどの国境を越えて来て、どんな理不尽《りふじん》があっても国境では下手に怒ってはいけないことを学んでいた。早く切り抜けるには相手のペースにのらないこと、そして笑顔だ。

税関を抜けると、今度は頼みもしないのに荷物を奪い取るようにして運ぶ強引なポーターたちが次々と寄って来る。これも振り切って駐車場に出ると、コナクリに住むシェリフの友人バルデが約束どおり迎えに来てくれていた。シェリフは翌日にならないとラベから到着しないとのことだが、バルデのおかげで無事にコナクリ市内のホテルに到着することができた。

種は空港でのひと悶着《もんちゃく》に、「空港のような玄関口にいる人間が、ああいうことをするのは情けないな。それに、あんなにあからさまな激しい対応には正直、面食らったし怒りそうにもなったよ」と言っていた。彼のギニアに対する第一印象は空港の役人なので、この後に出会うギニアの人たちがあまりにも親切だったため、そのギャップの大きさにいつも驚いていた。

シェリフと無事合流し、いつものようにコナクリの市場でマラリアや虫下しの薬などを大量に購入した。彼の診療所、そしてドンゴル村に持っていくためのものだ。僕らが乗り合いタクシーで九時間かけてラベに到着すると、シェリフの家族が笑顔で迎えてくれた。久々に会う子どもたちはまとわりつくように甘えてくる。種のこともみんな当たり前のように受け入れてくれるので嬉しくなる。種のフランス語はかなり怪しいが、憎らしいほど愛想が良く、現地の食べ物も「うまい、うまい」となんでも食べるので大歓迎されていた。

ギニアの主食は、お米かフォニオというイネ科の穀物。良質のヤシ油を多く産出するため、生魚やニシンの燻製《くんせい》、豚以外の肉、オクラ、サツマイモの葉などを香辛料とともにヤシ油で煮込んだスープをご飯にかけて食べる。この煮込みスープは現地で「マーフェ」と言い、家庭ごとに味が違う、まさにおふくろの味である。できたては本当においしく、種と一緒に「マーフェ、マーフェ」と言いながら、いつもお腹いっぱいいただいた。

買い出しなど準備を整え、いよいよ職人たちとドンゴル村へ。もう四回目ということもあり村人たちはすっかり打ち解けていて、初めて来た種がいてもまったく問題ない。子どもは僕たちの荷物を奪い合うようにして山道を運んでくれる。初めてここに来た時の緊張がウソのようだ。気になる掘削現場に向かうと視界が開け、眼下にかつて存在していなかったセメントで固めた井戸が見えてきた。驚くほど立派で、家畜用の水飲み場までできている。シェリフの顔を見ると「どうだ」と言わんばかりに微笑《ほほえ》んでいる。僕は「うお〜、すげー！」を繰り返して坂を転がるように下った。胸が高鳴る。

地中深く掘られた井戸には、透き通ったきれいな水がたっぷりと溜まっていた。セメントの筒が三十個も埋め込まれていて実に立派だ。しかし、みんなよくここまで作ったなぁ……。井戸をのぞき込みながら、僕は何度も「マジでできてるよ……」と繰り返した。実感がないほど感動したし、本当に嬉しかった。みんなの「水が欲しい」という強い思いがひとつになって、この井戸を実現させたんだなあ。そうでなければ、こんなものができるわけがない。顔を上げるとシェリフ、現場監督のドラメ、そして井戸掘り職人の二人が嬉しそうに、そして少し自慢げにこっちを見ている。「いや〜、ありがとう！　本当にすごいよ。おめでとう！」僕は全員と固い握手を交わした。みんなも嬉しそうだ。なんだか彼らはもう他人には思えない。ふと周りを見ると、女性たちがバケツを持って水を汲みに集まっていた。木漏れ日《こもれび》が妙に眩《まぶ》しかった。

村人はすでにバケツに紐をつけて井戸を使っていた。そしてポンプを設置するのに十分な、水深二・四メートルの水量があることも確認した。あとはラベに戻ってポンプを購入し、運んできて設置するだけだ。どんどん完成が近づいている。すべて順調だと思っていたが、よく聞くと、工事中に落ちてきた石で職人が足に怪我をするアクシデントがあったという。深さ十五メートルも掘ったら、小さな石でも大惨事になりかねない。ヘルメットなどないから、頭に当たらなくて不幸中の幸いだった。

実はポンプの入手が気がかりだった。フランス製の「ベルニエ」は目が飛び出すほど高いので、パリを経由する時に安く購入できたらと思ったが、ギニアでスペアパーツが手に入らなかったら話にならないので断念していた。中古でもいいと思っていたが、中古品は「ポンプ泥棒」が夜中に盗ってきた物が売られていると、ラベで「水と衛生プロジェクト」をやっているドイツ人に教えられた。盗品と知りながら買うこともできないので、頼みの綱はギニア製ポンプだ。そのドイツ人が「質はわからないよ」と不安にさせるが、実際に使われているポンプをいくつも見てきたし、シェリフもこれで十分だという。作りは少々荒いが、現地の人が簡単にメンテナンスできることが一番重要だ。ラベにある「ファペル」というポンプ屋を探し出し、シェリフにうまく交渉してもらって安く手押しポンプを購入することができた。

人力でよく運べるなぁ、というくらいの資材、重たいポンプ、長いパイプ、動物よけの金属ネットなどを、村人たちが運んだ。いざポンプの設置となると村人みんなが手伝いたくて、みんなが何かしら手を出していたのがおかしかった。資材を積んで来たドライバーも助手も、もちろん僕も手伝った。みんなでひとつのゴールに向かう時の、この一体感がたまらない。

二〇〇五年六月一日、井戸の竣工式《しゅんこうしき》。

着飾った村人が水を汲むバケツを持って集まって来るだけで胸がいっぱいになる。初めて見る顔も多く、一五〇〇人は集まっていた。みんなで作ったギニアと日本の国旗を飾り、大きなカレバス（瓢箪《ひょうたん》）で作ったくす玉を吊るし、テープカットにはシェリフが用意した古い包帯を使った。シェリフもなかなかそつがない。井戸の周りをきれいに掃除すると、あぁ、本当にできたんだなあ、と感激もひとしお。

竣工式には、村長はもちろん地区代表、モスクの礼拝導師イマームたちが参加して、みんなで何度もお祈りをした。「遠い日本からやって来て、ドンゴル村のためにありがとう」と言ってくれるが、みんなといると、すべてはアッラーの思し召しだと素直に思える。スピーチや手拍子の歌で盛り上がり、みんなが注目する中、いよいよ地区代表が手押しポンプを上下に動かし始めた。ギッ、ギッ……。ポンプの音が響く。みんな息を呑んで見守った。そしてついに、ポンプの動きに合わせて透き通った水が出た！

僕らは顔を見合わせ、みんなで握手をして喜びを分かち合った。子どもたちは不思議そうにポンプの先から出る水を見つめている。途中で投げ出しそうになったこともあったが、村人たちの笑顔、特に女性が手を叩いて喜ぶ姿は嬉しかった。これで、水が原因となる風土病が減るはずだ。

思いがけず、村人たちが「日本ありがとう!」「日本万歳!」と言ってくれたのに、ハッとする。個人的な思いから始まったことだが、日本代表として見られていたのだ。みんなが歓喜《かんき》に沸く中、作業をよく手伝っていた男が神妙な顔をしてシェリフと一緒に僕のところに来た。そして、「僕はウマール・ジュルデ・ジャロ、ここから二時間歩いたところの高校に通っています。村の若者を代表してお礼を言わせて下さい。この村にはこれまで何度も井戸の計画がありましたが、一度もうまくいきませんでした。でもあなたは本当にすばらしい仕事を完成させてくれた。本当に嬉しいです。本当に、本当にありがとう」と言ってくれた。単純に嬉しかった。このプロジェクトを通じてこんなにすばらしい若者に出会えるなんて、こちらがお礼を言わなくてはならない。

振り返ると、すでにバケツに水を満たした女性たちが談笑している。みんな、本当によくやった。関わってくれたすべての人たちに感謝だ。そしてこんな機会を与えてくれた日本のみんなにも大感謝である。少しでも早く日本のみんなにも「ありがとう」を言いたかった。

式がお開きになると、子どもたちは井戸よりもギニアと日本の国旗が気になるようで、みんなが「ちょうだい!」「いや、俺んだ!」と取り合いを始めた。国旗はラベの市場で生地を買い、掘っ立て小屋のミシン屋で縫ってもらった手作り。時間が無かったので待っていたお客の横入りをして顰蹙《ひんしゅく》を買ったが、事情を話すと一緒に喜んでくれて最後は心から応援をして送り出してくれた。見えないところで、たくさんの人が協力してくれているのだ。

このプロジェクトは見たこともない大きな掘削機械であっという間に完成させるのではなく、管理組織作りからスタートさせ、村人総出の手作りでできたのが良かった。子どもたちがトラックの入れる道を切り開き、職人がツルハシとスコップで朝から晩まで毎日掘り続け、村人がバケツで土を運び出し、女性が遠くの川から運んで来た水をセメントに混ぜ、幼稚園児くらいの子どもまでもが砂利を集めて手伝っていた。女性も子どももお年寄りも、みんなが汗を流して手伝った。職人二人の寝泊まりや食事の世話もすべて村人が負担した。彼らの「自分たちの井戸だ」という強い気持ちが伝わってくる。今後、大切な井戸の維持管理は、約束通り水管理委員会五人で行う。井戸の使用家族約二〇〇人が毎週一〇〇から二〇〇ギニアフラン（四～八円）を積み立てることで、修理代やパーツ代を賄うことになった。

首都コナクリに戻り、インターネットカフェで会社や家族、応援してくれている人たちに井戸完成の一報を入れると、すぐに返事が舞い込んできた。

「想いはカタチになる、ということを実感させられますね」

「坂本君の想いに共感したみんなでできたものだと思います。私達も一緒に応援できて本当によかったと思います」

「写真に写っていた子どもたちはたとえ井戸がなくなっても、どこか他の土地で暮らすようになっても、きっとこのこと（遠い国の旅人によって感謝を示すために掘られた井戸）と、変なひげの日本人のことを一生忘れないんだろうな、と思いましたよ」

「私たちにはまったく縁のないギニアがとても身近に感じられます。達さんとともに素敵な夢を一緒に追いかけているような気分です」

——待ってくれている人たちがいるからがんばれたんだ、と思った。応援してもらえるということ、そして感謝する相手がいるということは本当に幸せなことである。

二年間にわたり準備を進めてきた小さなプロジェクト。時間、情報、交通、資金など非常に限られていたが、日本から何度も訪問して話し合いを続け、現地の言葉を覚え、食事を一緒にして、共にお祈りすることで理解を得られ、協力が得られたように思う。また、井戸掘りの知識、経験、NGOの組織力などがない自分が、「人々が健康に暮らす手段の実現」に関わることができたのは、すべて人との出会いのおかげだった。当初、周りの人が「アフリカで井戸掘りなんて無理だ」と言っていたが、今になるとそんな言葉も「自分は本当にできるのだろうか」と問い直すチャンスを与えてくれていたと思う。

会社勤めをしながらこういった活動ができることにあらゆる面で助けられている。そして資金源となった拙著を購入してくれる方々、ご忠告を下さる方、物心両面で支えてくれるスポンサー、僕の知らないところで応援してくれている方々、本当にみんなのおかげである。途中、プロジェクトが進むにつれて「これは明らかに応援してくれる人たちのおかげだなぁ」と感じていた。

自転車世界一周中と同じく、「必要な時に必要な助けや、必要な情報が現れる」ということが今回もよくあった。何よりタイミング良くシェリフがラベに戻っていたことと、本当に善良な現場監督ドラメに出会うことができたのは大きかった。これ以外にも不可能を可能にさせる「大きな力」を何度も感じていた。

デジカメのメモリーがなくなった時、ソーラーパネルでパソコンを使っているドイツ人がデータをCDに焼いてくれた。炎天下で完全に道に迷っていたら、ギニアの友人がバイクで現れて助けてくれた。どうしても通信手段が欲しいと思っていたら、海外携帯電話レンタル会社から連絡が入り、使わせてもらえることになった。ホテルの受付であと数秒遅れていたら出会うはずのなかったコンサルタントの人たちから、欲しかった情報や具体的なアドバイスをいただいた。出発前に落ち込んでいたら、十年にわたって支え続けてくれるスポンサーから物資が届いて、そのタイミングの良さに救われ元気を取り戻した。

自分の力ではどうにもならないことが、小さな出会いや微妙なタイミングによって動き出したり実現したりしていく。そんなことの連続だった。こういった奇跡を起こすのが、自分以外のためにも何かやることなのか、自分の役割を知ることなのか、具体的なイメージを心に描き続けることなのか、正月に「今年の目標はギニアの井戸完成！」と書くような小さなことの積み重ねなのか、熱意なのか、祈りなのか、それ全部なのか、いったいなんなのだろうと思う。

出会ってきたすべての人のおかげで夢が叶った。周りの人たちのおかげで夢を諦めず、夢を持ち続けることができた。当たり前のようなことだが、今更ながらこういったことに改めて感謝し、感動するばかりである。

ギニア・井戸掘りプロジェクトの軌跡

二〇〇三年七月　第一回目渡航　ギニア視察　シェリフと村人に再会
二〇〇三年十一月　第二回目渡航　プロジェクト変更（深井戸から浅井戸へ）
二〇〇四年十二月十七日　第三回目渡航　プロジェクトスタート（浅井戸着工）
二〇〇五年一月十日　井戸から水が出始める（日本に連絡が入る）
二〇〇五年三月十二日　井戸完成、村人がバケツに紐をつけて使用開始
二〇〇五年四月十九日　通信事情が悪い現地から三カ月ぶりに連絡が入る
二〇〇五年五月二十日　第四回目渡航　ギニアの首都コナクリに到着
二〇〇五年五月二十五日　シェリフとドンゴル村入り
二〇〇五年六月一日　手押しポンプ設置　最終完成！　竣工式

＊ギニア共和国とは？
国土の西部を北大西洋に面するアフリカ西端の国。平均寿命は四十六歳。国民の約八十五パーセントがイスラム教徒。首都＝コナクリ　人口＝八三八万人　公用語＝フランス語　面積＝約二十四万五八五七平方キロメートル（本州とほぼ同じ大きさ）　民族グループ＝プル、マリンケ、スースーなど二十あまり
ギニアの農村人口のうち、安全な水を手に入れることができるのは、わずか四十二パーセントと言われています（ユニセフより）。コレラや腸チフスのような伝染病は、安全な水が不足している不衛生な状況では瞬時に広がります。

次なる目標

ドンゴル村へ行く途中の山村で、病気で動けなくなった母親の側でオロオロする十歳くらいの女の子に会った。家には誰もおらず、日本のように薬や病院があるわけでもなく、助けを求めたくても連絡手段すらない状況だった。シェリフは持っていた薬をお母さんに飲ませていたが、その後どうなったのだろうか。村では汚染された水が原因で病気になる人が多いため、きれいな水が必要不可欠だ。

井戸の完成から半年後の二〇〇五年十二月、現地から無事に井戸が使えているとの連絡が入りホッとする。村人たちがしっかり井戸の維持管理をしているようだ。井戸ができたことで少しでも村の病気が減ったら嬉しい。またこうして村人たちが「自分たちでやればできる」と、これからも生活や国を良くしていくことができたら、と思う。後でわかったことだが、三〇〇人ほどが暮らすドンゴル村は、「人口一〇〇人以上の村が井戸設置の対象」という国の水開発プロジェクトの基準を満たしているにもかかわらず、実現していなかったようだ。

これでシェリフに恩返しがすんだとは思っていない。彼が住むラベのある地区には約三〇〇〇人が暮らすが病院がひとつもなく、住民がまともな治療を受けることができないという。貧困による不衛生、栄養不足、医療の不足などで、ギニアの平均寿命は日本より三十五歳も短い。今後、「もっと薬と設備があれば、たくさんの人たちを治療することができる」と言うシェリフの診療所作りを支援していきたいと思う。

また、ドンゴル村の子どもが、「将来お医者さんになりたい！」と言った。「どうして？」と聞くと、「お医者さんになって困っている人を助けたい。そうしたら村に井戸ができるから」と言われ、ハッとする。「夢の掛け橋プロジェクト」で感じたのと同じように、子どもは本質を見抜く一方で、大人の背中を見ている。人として「恩は返さなくてはならない」という思いを新たにすると同時に、そんな子どもたちの純粋な夢も応援していきたい。


井戸が完成して帰国する直前、シェリフが、「タツのおかげで村に井戸ができて本当に感謝している。でもタツが毎年、僕たちのことを忘れずに会いに来てくれることが実は一番嬉しいんだ」と言ってくれた。僕は恩返しのつもりでギニアを訪れていたのだが、彼や彼の家族そして村人たちに心からもてなしてもらい、水や命の大切さ、家族の大切さ、分け合うこと、みんなで作り上げること、譲り合うこと、許し合うこと、信じること、感謝の気持ち、自分の役割など、本当に大切なことをたくさん気づかせてもらった。

きれいな水や薬があるからといって決して豊かになるわけではない。逆に彼から豊かさについて教えられているような気がしてならない。ギニアのことや彼が叶えさせてくれた世界一周の体験を伝え続け、日本の子どもたちと豊かさについて一緒に考えることも、大事な恩返しのひとつだと思う。出会ってくれたたくさんの人たちに感謝しながら、これからもさまざまな方法で「恩返しプロジェクト」を続けていきたい。

あとがき

そもそも「豊かさ」ってなんだろう。

僕がギニアに行くと、シェリフは必ず仕事を休んで四五〇キロ以上離れた街から迎えに来てくれる。なけなしのお金と時間を使ってどこまでも他人を思いやる彼は、本当に豊かな心を持っていると思う。僕は仕事中心の忙しい日本の生活で、こんなことができるだろうか。また彼は日本にホームレスがいることを知ると、「自分の国にそんな人がいるのに、タツはなんでその人たちを助けないんだ。ここにいる場合じゃないよ」と、たしなめるように言う。どれだけ他人のことを思いやれるかが、豊かさにつながっている気がする。

今の日本は、本来手段であるはずの繁栄が目的になってはいないか。物のありがたみや自然への感謝を忘れ、支えあっているはずの他人を思いやれなくなってはいないだろうか。僕は一連の活動をしながら、物の豊かさだけではなく、「本当の豊かさ」に向けて考え行動するたくさんの人たちに出会うようになった。豊かさについて立ち止まって考えることは、これから自分たちがどこに向かっていくかを確かめることでもあると思う。

最貧国のひとつであるギニアは、不衛生や医療の不足などで子どもが亡くなる率が高く、平均寿命は四十六歳といわれている。病気や死がすぐ近くにあるので、みんな命の尊さを実感している。物がないので助け合い、知恵を絞って工夫する。足が不自由な子どもは木の棒を体の一部にして普通に遊び、周りもそれを当然だと思っている。

嘆《なげ》いても仕方がないという状況でその日を精一杯生きる人たちから、ないものねだりをするのではなく、あるものに感謝すること、すなわち「足ることを知る」ことで気づく幸せや、心の豊かさもあるのではないかと教えられる。僕たちはないものばかりを追い求め、それを手に入れることが幸せになると信じてはいないだろうか。


「果たして終わりが来るのだろうか」、と思っていた井戸掘りプロジェクト。そのたびに、自分を信じ、「できる！」と信じることで道が開けた世界一周を思い出した。人間の力を超えた「大いなる意志」。目に見えない想いや考え方には、大きな力があると思う。

仕事で行き詰まると、僕は近くにある生駒山脈を自転車で登る。そうすると自然に対する自分の無力さを実感し、つい仕事も個人の力でやろうとしているのに気づかされ、反省する。きつい登り坂や悪天候などから、「きついことを楽しむ」「戦うのではなくて、感謝する」という原点を思い出すことができる。そうして下山するとすっかり謙虚になっているので、コンビニの駐車場の「前向きにお願いします」という表示さえ、「そうだよな、前向きに生きなきゃ！」と捉えることができる。すべては自分次第。心の持ち方や考え方、小さな行動や感謝といったものが、受け止め方や結果を大きく変えていく。どんな環境にあっても、常に前を向いて生きた方が楽なのだ。

今後、ギニアの診療所建設をしたり、各地で受け取ってきた数々のメッセージを子どもたちに伝えたりしながら、日々感じている「豊かさ」についても考えていきたい。この本の印税も、みなさんのご理解をいただきながら、それらの活動のために使わせていただこうと思う。

最後に、いつもこんな僕を理解してくれ応援してくれる辻寛君をはじめとする人事部採用課の仲間と、会えば笑顔で迎えてくれる社員たち、そしてそのボスである木村皓一社長、『やった。』に続く『ほった。』を書かせていただきありがとうございます。

また、今も励まし続けてくれる元駐ギニア日本大使館富田ご夫妻、駐ギニア日本大使館のみなさん、駐日ギニア共和国大使ウスマン・トロ・ティアム閣下、親身になって協力してくれるNPOサパの野澤眞次さん、ラベの要人を紹介してくれた日本テクノの永沼俊道さん、アドバイスをくれた国際協力機構（JICA）のみなさん、設計計画の野村紳介さん、太陽コンサルタンツの平田四郎さん・長井宏治さん、ベラーコンサルトのアンドレアス・ラッハさん、オスマン・サンコンさん、戸田建設のみなさん、ギニアに同行してくれた種光康君、フランス語の翻訳を手伝ってくれた安川裕子さん・市原淳子さん、WEB管理をしてくれている上山敦司さん、入社一年目に和歌山の倉庫で自信をつけさせてくれた今は亡き狗巻衣料の狗巻清純さん・当時一緒に働いてくれたパートのみなさん、温かいご寄付を下さったみなさん、前著『やった。』をお買い上げ下さったみなさん、仏様に手を合わせて毎日祈ってくれる大阪に暮らす祖母、両親、ここに書ききれないすべての方に感謝を込めてこの場で「ありがとう」をお伝えさせていただきます。

そしてこの本の出版あたり、出版部スタッフのみなさん、永山綾さん、ゲインの松坂静雄さん、最後まで辛抱強く付き合って下さり、ありがとうございました。

プロジェクトをご支援下さった以下スポンサーのみなさま、強い強い追い風をありがとうございました。精神的な部分で励まされたことも多々ありました。改めて感謝しております。

「ギニア・井戸掘りプロジェクト」＝ニコン、モベルコミュニケーションズ日本支社、パタゴニア日本支社、小川キャンパル、三菱レイヨングループMRC・ホームプロダクツ

「夢の掛け橋プロジェクト」＝ニコン、コダック、プラスビジョン、キャノンデールジャパン、パタゴニア日本支社、佐川急便大阪支社、三井物産マーモットグループ、オルトリーブ、A&F、キャットアイ、OGK販売、太陽工房、シマノ、全日本空輸、小川キャンパル、ベンチャー高安、ドゥ・ハウス

「自転車世界一周」＝DHLジャパン、コダック、ニコン、オリンパス、松下電器産業、キャノンデールジャパン、ワールド通商、三菱レイヨン、シチズン、OGK販売、キャットアイ、キャラバン、シマノ、ナショナルタイヤ、小川テント、インターテック、スター商事、リンク、IIC、アライテント、大倉スポーツ、ブシューコーポレーション、エバニュー、パタゴニア日本支社、モンベル、マレーシア航空　（順不同・敬称略）

二〇〇六年春　著者

坂本 達（さかもと たつ）

撮影／落合明人

1968年東京生まれ。

7歳から11歳まで父の仕事の関係でフランスに暮らし、そこで見たツール・ド・フランス（世界最大の自転車レース）に魅せられ、以来、自転車の虜に。

1992年、早稲田大学政治経済学部経済学科卒業。同年、株式会社ミキハウス入社。商品部、人事教育課を経て、1995年9月26日から1999年12月28日までの4年3カ月間、有給休暇扱いで自転車世界一周の旅へ。

2002年5月5日から12月25日は自転車で日本を縦断する「夢の掛け橋プロジェクト」で86会場を回り講演。

2004年度、内閣府主催「東南アジア青年の船」（第31回）にナショナルリーダーとして参加。

現在は人事部採用課に勤務のかたわら、全国の学校や団体で講演活動を続け、著書の印税により、走行中お世話になったアフリカの村などで井戸の建設、診療所の改修などを実行中。

著書に『やった。』（三起商行）、文庫版『やった。』（幻冬舎）がある。

ホームページ　http://www.mikihouse.co.jp/tatsu

ほった。

4年3カ月も有給休暇をもらって自転車で世界一周し、
今度はアフリカにみんなで井戸を掘っちゃった男

発行日　初版第1刷　2006年4月12日

写真・文
坂本 達

発行者
木村皓一

発行所
三起商行株式会社
〒102-0072 東京都千代田区飯田橋3－9－3 SKプラザ3階
電話03－3511－2561

カバーデザイン協力・本文デザイン
前田茂実

編集協力
永山 綾・ゲイン株式会社

印刷・製本
大日本印刷株式会社

落丁本・乱丁本はお取り替えいたします。

160p／188×127mm

　ISBN4-89588-813-4 C0095

夢の掛け橋プロジェクト
走行ルート